Carola Hesselschwerdt

Portal zum Potenial

Band I bis III

Portal zum Potential

Gedanken dazu

Band I bis III

Carola Hesselschwerdt

Bibliografische Information der Deutschen Nationalbibliothek: Die Deutsche Nationalbibliothek verzeichnet diese Publikation in der Deutschen Nationalbibliografie; detaillierte bibliografische Daten sind im Internet über http://dnb.dnb.de abrufbar.

Impressum

Texte: © 2024 Copyright by Carola Hesselschwerdt

Umschlag: © 2024 Copyright by Carola Hesselschwerdt

Verlag: BoD · Books on Demand GmbH, In de Tarpen 42, 22848 Norderstedt

Druck: Libri Plureos GmbH, Friedensallee 273, 22763 Hamburg

ISBN: 978-3-7693-0113-7

Ginkgo biloba

Dieses Baums Blatt, der von Osten
Meinem Garten anvertraut,
Giebt geheimen Sinn zu kosten,
Wie 's den Wissenden erbaut.

Ist es Ein lebendig Wesen
Das sich in sich selbst getrennt,
Sind es zwey die sich erlesen,
Dass man sie als eines kennt.

Solche Frage zu erwiedern
Fand ich wohl den rechten Sinn;
Fühlst du nicht an meinen Liedern
Dass ich Eins und doppelt bin?

Johann Wolfgang von Goethe, „Ginkgo biloba", 15. September 1815,
Goethe Museum Düsseldorf

Inhaltsverzeichnis

Einführung - Portal zum Potential - Band I bis III

Willkommen zu einer Reise in verschiedene Perspektiven des Menschen. In den drei Teilen beschäftige ich mich mit dem Potential, der Grundausstattung eines Menschen incl. seiner Entfaltungsmöglichkeiten. Erwarten Sie bitte nicht, daß meine Ausführungen die komplette Leistungsfähigkeit unserer Gattung, die vielen von uns bislang noch verborgen ist, umfassen kann.

Die drei Bände dienen dazu, auf einfache und leicht verständliche Weise Verbindungen aufzuzeigen, wie und womit wir gerade in den Gesellschaftssysthemen, Konditionierungen, Glaubenssysthemen und äußeren Strukturen umgehen/umzugehen haben sowie deren Einflußfaktoren und die verschiedenen Auswirkungen.

Band I „Wer – Was - Wo ist der Mensch"

Die Zusammenstellung eröffnet hauptsächlich physische Zusammenhänge. Das beinhaltet sowohl sichtbare als auch unsichtbare Vorgänge, die letztlich materiell zum Vorschein kommen. Erwähnte Hintergründe dienen zur Horizonterweiterung
und ermöglichen ein ausbaufähiges Fundament einer Blickwin-
kelerweiterung. Verschiedene Bereiche offenbaren dem eigenständig denkenden Leser das Wunderwerk seines Körpers.

Band II „Das Streßkonto"

Was hängt mit unserer Lebensenergie, Leistungsfähigkeit zusammen? Bestimmte Situationen verursachen einen hohen
Energieverbrauch - so z.B. der Streß. Das Aufführen verschiedener Ursachen und Verbindungen schult die Bewußtheit, die
geistige Ebene. Ziel ist es, daß der Leser über seine Erkenntnisse mit individuellen Reserven besser haushalten und gleichzeitig Lebenskraft gewinnbringend einsetzen kann.

Band III „Potential Mensch"

eröffnet dem Leser Potentiale, d.h. Grundelemente, jeweils individuell übertragbar auf unsere eigene Frequenz. Die Auflistung läßt uns das Alltägliche, teils selbstverständlich Gewordene aufmerksamer betrachten. Eine Aufführung, die ermutigen

soll, sich auf den Weg zur persönlichen Entdeckungsreise seiner eigenen Fähigkeiten zu machen.

In allen drei Teilen liefert mein Schreibstil keine blumigen Ausführungen der Gedankengänge. Mit der Art der Textverfassung setze ich lediglich Impulse. Das Herleiten, Umschreiben und Erläutern weiterer Konsequenzen der benannten Bereiche incl. Zusammenhänge obliegt dem Leser. Das Ziel ist es, die Erkenntnisse zu erhöhen und so - auf individuelle Weise - ein Sichfinden in Lösungsansätzen und Antworten zu entdecken.

Für Verdeutlichungen einzelner Bereiche verwende ich gerne Beispiele aus alltäglichen Prozessen, uns bekannter Situationen, Gegebenheiten,.... So wird etwas Komplexeres und Abstrakteres für die meisten Menschen greifbarer. Vielfach sind die Vergleiche allerdings nicht 1:1 übertragbar. Es geht hier lediglich um den Kern der Aussagen, die mit dem entsprechenden Beispiel als Vergleich seine Anschaulichkeit erhalten sollen.

Mögen sich sowohl die Leser angesprochen fühlen, die sich bereits intensiver mit bestimmten Bereichen beschäftigten, wie auch jene, die bisher wenig aus dem Themenkomplex hörten, geschweige denn sich darüber Gedanken machten.

Wiederholungen, die etwas aus verschiedenen Sichtweisen beleuchten, sind bewußt gewählt, um darzustellen, wie komplex die Dinge zusammenhängen. Jedes Kapitel ist in sich abgeschlossen. Gleichzeitig entsteht mit Hilfe aller Kapitel ein Gesamtbild.

Bewußt erbringe ich keine Verweise auf andere Kapitel. Auf diese Weise bleibt der Lesefluß erhalten.

Im Anhang finden Sie ein Verzeichnis entsprechender Schlagwörter, die Zusammenhänge näher erklären. Jedem ist es freigestellt, als „Forscher" tätig zu werden.

Noch eine Anmerkung zum Schluß: Manchmal spreche ich Sie mit „lieber Leser" an, damit meine ich Sie als Mensch, unabhängig von Ihrem Geschlecht.

Portal zum Potential - Band I

„Wer – Was - Wo ist der Mensch?"

Vorwort

Was denke ich über Sie?

Ja, über Sie als Mensch, auch wenn ich Sie persönlich nicht kenne. Jeder von uns ist ein Individuum. Jeder hat seine Geschichte, seine Erfahrung, seine Aufgabe hier auf Erden. Über das, was Sie, lieber Leser, persönlich betrifft, kann ich nichts sagen. Sie werden mehr über die eigenen Zusammenhänge Ihres Lebens, Ihrer Seele und Ihres Körpers erzählen können. Ich werde Ihnen daher auch nicht die individuellen Zusammenhänge Ihrer Muster aufschlüsseln. Mir sind die gesamten Wirkungsbereiche und deren Folgen ein Anliegen. Haben Sie diese erkannt, können Sie in sich mehr entdecken und verstehen, Ihre Antworten finden.

Es geht mir nicht um die Fragmentierung des Einzelnen, sondern der Einzelne sollte sich in seiner Vollkommenheit im Ganzen wiederfinden. Jeder hat seinen besonderen Platz und keiner kann diesen besser finden als Sie selbst. Vermutlich werde ich für den Einen oder Anderen inhaltlich mit meinem Buch Vertrautes in Erinnerung rufen. Mein Ziel ist es nicht, Sie mit neusten Zahlen oder wissenschaftlichen Fakten zu bombardieren. Mein wichtigstes Ziel – was ich hoffe, für Sie zu erreichen:

Mehr Bewusstheit zu entwickeln für Ihren Körper. Das „Gefäß", in dem jeder von uns rund um die Uhr wohnt. Was dieser Organismus leistet und wie wichtig das Zusammenwirken von Körper, Geist und Seele ist. Was der einzelne Mensch in der Lage ist, für sich zu erschaffen, mit seinem Wunderwerk Körper, der paßgenau seiner Seele dient.

Weder möchte ich ihnen sagen, wer oder was Sie sind, noch wozu Sie hier auf der Erde sind. Mein Ziel ist es, mit Hilfe meiner Impulse, Erklärungen, Zusammenhänge aufzuführen, daß Sie selbst erkennen, wer Sie sind, was Ihre Lebensaufgabe ist. Es ist ein Anstoß für Fragen und Antworten. Es soll lediglich Ihr Bewußtsein anzusprechen und stärken.

In all meinen Texten steckt das Bemühen, Ihnen auf eine recht einfache und anschauliche Weise Zusammenhänge aufzuzeigen. Komplexe Themen werden benannt. Doch erwarten Sie keine wissenschaftlichen Abhandlungen, in Form von Zahlen und Zitaten. Entsprechende Beweisführungen finden Sie in der bereits existierenden Literatur.

In Band I vom **„Portal zum Potential"** widme ich folgendem Thema. „Wer – Was - Wo ist der Mensch?" - Es stellt den Zusammenhang zwischen Körper und Seele dar, nach dem Sprichwort: „Der Körper ist der Tempel (das Haus) der Seele."

Aufgrund verschiedener Ausbildungen, auch in Wissenschafts-
bereichen, befaßte ich mich sehr früh mit der „Halbwertszeit"
sogenannter „neuster wissenschaftlicher Theorien".

Die Grundlage folgender eher philosophischen und
soziologischen Zusammenstellung basiert auf der Mischung
und Zusammenführung meines erlernten Wissens, dem
Beobachteten, Erfahrenen und meiner persönlichen
Erkenntnisse. All das teile ich mit Ihnen.

Jene, deren Weltanschauung lediglich auf Zahlen und veröffentlichen „Fakten" der neusten Forschung (die morgen vielleicht schon überholt ist) beruht, können sich das Weiterlesen
sparen.

Einleitung

Den Körper können wir sehen, greifen, spüren: Der Körper, als Haus der Seele. Wo „sitzt" unsere Seele?

Wo ist sie zu finden? Wo hält sie sich auf? Von wo aus wirkt sie? Meine Spur für eine Antwort beginnt hier: Das Nachvollziehen meiner Überlegungen setzt ein losgelöstes und flexibles Denken voraus! Die Seele benötigt einen Ort mit bestimmten Voraussetzungen. Ist sie z.B. zu finden:

- In dem Raum, der Tag und Nacht mit Pumpbewegungen in Aktion ist?

- An diesem Ort, der in einer geheimnisvollen „5. Herz-Kammer" zu finden ist?

- An einem Punkt, der permanenten Kontakt zum ganzen Körper haben muß, der jedes Organ erreichen kann, der mit allen in Verbindung steht?

Dort wo Kommunikation mit unseren Gefühlen, Wahrnehmungsinterpretationen stattfindet, also mit dem Nichtgreifbaren, das dennoch Einfluß auf die physischen Prozesse des gesamten Menschen nimmt. Somit ein Bereich, der zentral gelegen ist. Ein Platz, zu dem man immer Zugang hat, wenn man möchte. Es muss ein außergewöhnlicher Ort sein!

Kurz und knapp: Ist dieses Haus – diese Stätte - diese Basis das Herz? Oder ist das Herz „nur" die Schaltzentrale der Seele? Muß die Seele auf einen Punkt lokalisiert sein?

Man liest oft von einer seelischen Erkrankung. Das ist insofern falsch, da die Seele immer „gesund" ist. Gemeint aber ist die Psyche. Allerdings kann der „Kontakt" bzw. die Verbindung zur Seele, ihrer Ganzheit gestört werden. Das Herz ist die Zentrale: So ist die These vieler, die sich ausgiebig damit beschäftigten. Es scheint nicht unbegründet. Und wohlgemerkt: Das Herz ist und kann noch viel mehr!

Die Schwingungsfelder des Herzens setzen unseren Organismus in Gang. Sie helfen uns, emotionale Verbindungen mit Mensch und Tier, mit unserer Umwelt,... aufzubauen. Die stärkste und heilsamste Verbindung, eine Art Energieform, ist die Liebe, die generiert werden kann. Die „Seele" vermag, auf diese Weise durch das Herz zu „sprechen".

Manch einem ist es möglich, über die Augen zu der Seele eines Anderen zu sehen. Ein Aurasichtiger kann anhand des elektromagnetischen Feldes eines Menschen (= Aura) einen Blick auf dessen Seelenkomponenten/die Seele/die Gesundheit des Körpers, und die Psyche werfen.

Ein Anderer erkennt anhand der Taten eines Menschen die „Einstellung" der Seele.

Doch erst durch den Körper vermag unsere Seele ihren Aufgaben sichtbar und greifbar nachzugehen, wird sie ihrer Bestimmung gerecht, stellt sich den Herausforderungen in unserer Welt. So hinterlässt die Seele, die eigentlich eine unsichtbare Beschaffenheit besitzt, sichtbare Spuren. Unsere Handlungen gleichen einer Art Fingerabdruck, den Handlinien eines Menschen.

Der Beginn/Einzug der Seele ist – so glauben manche Menschen - mit dem Geburtsdatum identisch. So einige sind davon überzeugt und in diesen „Termin" wird daher viel hinein interpretiert. An dem Tag, wenn das Haus für Andere sichtbar wird. Das Geburtsdatum, an dem der Körper das Licht der Welt erblickt; dann, wenn wir zu einem eigenständigen Lebewesen werden und nicht mehr behütet, unter dem Herzen der Mutter liegend. Dann, wenn wir unseren ersten Atemzug auf dieser Welt nehmen, unser Herz ganz alleine unseren Körper versorgen muß und wir abgenabelt sind. Dieses Datum wird oft indirekt in Verbindung mit unserer Seele gesetzt. Ganz gleich, ob unsere Seele bereits vor der Geburt – im Leib der Mutter - den Körper bewohnte. Das Geburtsdatum scheint für viele Menschen eine wichtige Aussagekraft zu haben.

Der Tag, die Uhrzeit und der Ort, stellen eine Grundlage dar, auf Grund deren die Eigenarten eines Menschen zugeordnet werden, in Form des Horoskops: seine Verhaltensmuster, sein „Schicksal" in dieser Welt u.v.m. all dies, das nur mit Hilfe des Körpers erlebt werden kann.

Hier auf Erden verfügt der Mensch zusätzlich über einen freien Willen. Ist dieses Lebewesen daher wirklich so festgefahren, wie ihn das Horoskop glauben läßt? Oder dient es vielleicht eher als ein Fingerzeig, um mögliche Stolperstellen umgehen zu können? Zeigt es das auf, von dem wir uns lösen müssen? Präsentiert es die Aufgaben, die wir uns selbst gewählt haben? Vielleicht entstehen sie auch erst mit dem Glauben daran?

Die Seele – Teil von etwas Größerem, das mit dem Verstand nicht fassbar -, ist in der Lage sich losgelöst von dem Körper zu bewegen. Sie steht immerzu in Verbindung mit dem Göttlichen, unserem Schöpfer sie ist ein Teil davon. Jeder beseelte Mensch verfügt über „göttliche Anteile" – er ist aber nicht Gott! Wo ist diese Kraft am besten im Menschen verankert? Da wären wir wieder „im Herzen". Die Seele, das Herz, das Göttliche erhält die Verbindung, die den Leib auf wundersame Weise leben lassen kann.

Doch kein Horoskop, keine Handlinie oder andere „Technik"
weiß das, was Gott über uns erzählen kann. Nur Gott/unser
Schöpfer allein kennt unseren Weg. Vorerst befinden wir uns
einmal auf der Erde. Daher schenken wir demzufolge dem Körper - diesem komplexen Instrument - unsere Aufmerksamkeit.

Noch ein inhaltlicher Hinweis:

Es existieren sehr interessante Themengebiete zum Bereich
Seele. Dazu kann der Leser bereits recht viel fundierte Beobachtungen, Erfahrungsberichte, Analysen, Literatur finden.
Manches daraus ist einer Überlegung wert. Aus dem Grund
(da über diese Themen bereits mannigfaltige Literatur existiert
und individuelle Überzeugungen der Leserschaft vorhanden
sind) entscheide ich mich, auf eine Reihe Themen nicht einzugehen: Wiedergeburt, Seelenverwandtschaft, Seelenfamilie,
Karma, Hybridseelen, Besetzungen.

Hier besteht leider auch die Gefahr, sich zu „verlaufen", wenn
der Leser allem Glauben schenkt, was ihm in die „Finger"
kommt. Ganz gleich, ob und welche Informationen Sie bereits
haben, ist es für meine weiteren Ausführungen unmaßgeblich.

Persönlicher Hintergrund

Die Seele drückt sich auf einzigartige Weise aus. Jeder Körper eines Menschen scheint oberflächlich - in seiner Funktion und Beschaffenheit - dem Organismus eines anderen Menschen zu gleichen (im Normalfall: überzogen mit Haut, bestehend aus einem Kopf, die Anlage für zwei Arme, zwei Beine, ein Thorax, ein Geschlecht, Organfunktionen,...). Und doch gleicht nicht jede Physis ganz der anderen.

Einige Jahre arbeitete ich in einem Reformhaus und Bioladen. Dort beriet ich unter anderem Menschen in Kosmetik, Nahrung, Gesundheit, Nahrungsergänzung.

Ich kann heute sagen, es gibt so viele Menschen und noch mehr Produkte. Oft sagte ich den Kunden: „Man sagt dem Stoff folgende Wirkung nach, doch ich habe kein Labor daheim, ich kann es ihnen nicht belegen, beweisen, ob es so ist und ob es vor allem bei Ihnen so wirkt."

Für mich ist es schwer, etwas „Absolutes" über den menschlichen Organismus zu erzählen, trotz verschiedener Ausbildungen in diesem Bereich (sowohl schulmedizinischer als auch alternativer Ausrichtung). Leider bin ich selber einige Jahre nicht sehr sorgsam mit meinem Körper umgegangen. Ich habe gesunde Grenzen überschritten, um den gestellten Anforderungen gerecht zu werden. Daher empfinde ich mich nicht als „Heilige", die Tipps oder Wissen vermittelt. Genau aus dem Grund, weil ich selbst einige Zeit die Achtsamkeit mit mir nicht praktizierte und weniger angemessen mit meinem „Tempel" umgegangen bin, als er es eigentlich verdient hätte. So bemühe ich mich, das Gelernte weiterzugeben, damit es Andere besser machen können.

Ich konnte anhand meiner Berufserfahrungen im Kontakt mit Menschen erleben, daß jedes Produkt auf den Benutzer anders wirkte. Daher ist der Mensch/Körper für mich kein Schubladenschrank oder gleichzusetzen mit einer genormten Maschine. Vielleicht dient der Inhalt dieses Textes dazu, einen Anstoß zu geben für mehr Bewusstheit und Dankbarkeit, d.h., die gebührende Aufmerksamkeit/Präsenz für die Leiblichkeit zu entwickeln; denn ohne sie könnten wir nichts tun, nichts erleben, nichts spüren. So versuche ich, einen umfassenden Ansatz zu finden, der sich aufgrund meiner Erfahrung erkennen läßt.

Mein Hintergrund für die folgenden Inhalte ist diese oben angeführte Sammlung von Impulsen, Ideen, Erfahrungen, Einsichten, Gelerntem und Erkenntnissen.

Ich erhebe nicht den Anspruch von Vollständigkeit. Mein Bemühen ist, die derzeitige Fragmentierung aufzulösen und Impulse für Zusammenhänge anzubieten, nach dem Motto: „ Ein Kompaß besteht nicht nur aus einem Zeiger." Ein Kompaß ist aus vielen Teilen zusammengesetzt und benötigt ein Umfeld (Magnetfeld), damit er funktioniert. Im All/Weltraum könnten wir mit diesem Werkzeug nichts anfangen. Für eine zuverlässige Anzeige sollte er kalibriert/geeicht sein. Somit hängt alles zusammen.

Noch ein Hinweis zu all den Studierten und den Fachkräften: Es gibt einige Ärzte, die zu den Körpervorgängen mehr sagen können, und bestimmt auch die Architekten und Statiker unter uns wissen besser um den Bau eines Hauses Bescheid als ich. Somit können diese Leser auf den verschiedenen Gebieten weit aus mehr Wissen, Erfahrung sowie Kompetenz aufweisen und daher sicherlich auch tiefergehende Zusammenhänge beschreiben.

1. „Der Einzug"

Zu Beginn stelle ich folgende Frage: „Ab wann sind wir in unser Haus/unsere Wohnung eingezogen?"

Ist es, wenn die Verträge unterzeichnet sind, vielleicht, wenn wir den Schlüssel erhalten haben, erst dann, wenn alles fertig eingerichtet ist, oder schon, wenn die Feier des Richtfests stattfindet, möglicherweise auch in dem Moment, an dem wir die Türschwelle überschritten haben, oder doch erst, wenn wir die erste oder letzte Umzugskiste abgestellt haben, wenn wir uns beim Einwohnermeldeamt angemeldet haben, vielleicht in dem Moment, in dem wir das Klingelschild montieren?

Nein, ich glaube keinen Einzug kann man auf die Sekunde einem rein äußeren „Moment" zuordnen. Ein Um-/Einzug ist ein Prozeß. Es gehört alles dazu. Nach einer Weile entsteht vielleicht – wenn alles seinen Platz gefunden hat und wir aufatmen können - das Gefühl, eingezogen zu sein. Zu 100 %-iger Sicherheit ist es schwer, eine pauschale oder eine allgemeingültige Aussage zu machen. Übertragen wir dieses Bild auf unseren Körper und unsere Seele.

„Wann bezieht die Seele den Körper?" Eine Aussage, die mir immer wieder in dieser Frage begegnet ist, lautet: „Mit der Verschmelzung des männlichen Samens mit der weiblichen Eizelle".

Doch frage ich mich noch heute manchmal, ob ich meinen Körper wirklich voll bewohne? Vielleicht geht es manchen Menschen auch so oder zumindest in manchen Situationen.

Kehren wir aber wieder zurück zum Anfang – dann, wenn der Mensch im Mutterleib wächst -. In dieser Zeit kann sich die Seele mit dem Körper vertraut machen. So hat und hatte jeder Mensch in diesem Stadium einen mehr oder weniger geschützten Rahmen für seine Entwicklung bzw. Einrichtung seines „Hauses", bzw. dessen Grundausstattung. Eine Schwangerschaft gleicht einem wie von Geisterhand gesteuerten Entstehungsprozeß.

In der Regel geschieht das Wachstum ohne das bewußte Zutun der zukünftigen Mutter oder des Kindes. Ich kann mich jedenfalls nicht erinnern, im Bauch meiner Mutter gedacht zu haben: „So, meine Arme und Beine wachst mal, damit ihr der normalen cm Angabe entsprecht. Und als nächstes soll sich folgendes entwickeln,....." Allein dieser natürliche Prozeß ist ein Wunderwerk. Doch wie behütet dieser Raum wirklich ist, das spürt der Fötus über seine Mutter und ihr Umfeld. Der Raum, in dem ein Kind heranreift, bietet dem Ungeborenen einerseits

Schutz und stellt die Versorgung von Nährstoffen sicher. Gleichzeitig knüpft es eine indirekte Kontaktstelle zur Außenwelt. Der Mutterleib sendet unwillkürlich alles, was die Schwangere erlebt und die daraus erzeugten Emotionen (Ängste, Ärger, Sorgen, Freude, Glück, Vertrauen, Zuversicht, Liebe) an das Kind weiter. D.h. das ungeborene Lebewesen kann die ihm noch unsichtbare Welt über die Mutter wahrnehmen. Die Welt beginnt schon jetzt, prägende Einflüsse auf den zukünftigen Erdenbewohner zu nehmen.

Nach der Geburt

Sind wir „frisch" geboren, versorgen in den meisten Fällen die Eltern oder andere Erwachsene unser „Gebäude". Der Mensch kann sich langsam mit Hilfe seiner Sinne in die ihm sichtbar und greifbar gewordene Welt hineinfinden. Er wächst in sein Leben.

Das Individuum durchschreitet einige Jahre all die erforderlichen kindlichen und jugendlichen Entwicklungsstadien. In dieser Zeit finden wichtige individuelle Erfahrungen, Herausforderungen, Prägungen... statt, hervorgerufen über das nahe Umfeld - aber auch das Anlegen von Denkmustern aufgrund globaler Einflüsse und epochaler Ereignisse. Das alles formt die zukünftige Persönlichkeit. Ist der nun junge Erwachsene durch das Erlebte erfolgreich hindurchgeschritten – mit Unterstützung seiner Eltern, Verwandten, etc. -, kommt die Zeit, in der er die Verantwortung für sich selbst übernehmen kann und sollte. Er ist auf sich gestellt mit all dem, was ihn in den jungen Jahren prägte, was er lernte, was man ihm vorlebte. Er ist nun erwachsen.

Im übertragenen Sinn ein Vergleich zum Haus oder der eigenen Wohnung als Bewohner: Ein Erwachsener ist in der Lage, eigenständig zu entscheiden, wie er sich einrichtet, welche Möbel, Dekorationen, über seine Sauberkeit, Raumpflege, Lüftung,... Die Grundmauern sind hingegen schwerer oder nur gewaltsam veränderbar.

Übertrage ich dies auf den Körper, können wir entscheiden; was wir essen, wie wir uns kleiden, womit und ob wir Körperpflege betreiben, wie bewusst wir atmen,...

Unsere Zellverbände, wie Organe, Gefäße, Nerven, Muskeln, Knochen sind „Äußerlichkeiten". Dies alles zusammen aber trägt und hält unsere Seele wie in einem Gefäß. Die relative Beständigkeit des Körpers, trotz seiner Beweglichkeit incl. der permanenten Regenerationsprozesse, transportieren „uns" täglich durch die Welt. Jeder Erdenbewohner hat seine Lebensgeschichte, seinen Bauplan, seine Aufgaben, seine Erlebnisse, die prägend waren und sind. So manches muß verkraftet werden. All diese Erfahrungen lassen sich im Laufe des Lebens in den Zellen als Information nieder. Je nach Erlerntem, Prägungen, finden Interpretationen der Erfahrungen statt. Reaktionen auf sämtliche äußeren Einflüsse verlaufen individuell und hängen von geprägten Glaubenssätzen ab sowie der Empfindsamkeit. Es scheint an dieser Stelle sinnvoll, einen kleinen Ausflug in die Hochsensibilität (HSP) zu nehmen. Über das Thema HSP existiert zahlreiche Literatur, die dieses Thema incl. Hintergründe und Merkmale beleuchtet. Hochsensibilität wird darin oftmals als Folge von prägenden, extremen Ereignissen in jungen Jahren gesehen. Sie ist ausgebildet als Form einer Entwicklung, um mit außergewöhnlichen Situationen umzugehen, um sich in seinem Umfeld zurechtzufinden, zu überleben. HSP kann sich in verschiedenen Formen zeigen.

Sie ist eine Art von Strategie. Ob von Geburt an hochsensibel oder selbst entwickelte Hochsensibilität ist in diesem Zusammenhang sekundär von Bedeutung. Menschen, die hochsensibel sind, erfahren sämtliche Reize, Empfindungen über das Außen stärker und ihr Körpersystem vermag, Reize (Musik, Gefühlslagen des Gegenübers) intensiver zu erleben. Empathisches Verhalten als Reaktion eines Hochsensiblen ist

ein typisches Merkmal. Oft bekommen die Betroffenen zu hören: „Sei doch nicht so empfindlich…".

Das Äußere findet scheinbar leichter Zugang ins Innere eines
Menschen mit HSP. Ich finde es ein sehr interessantes Thema,
in das sich ein tieferer Blick lohnt. Die Zellen der physischen
Systeme (Nervensystem, Blutsystem, Immunsystem) erhalten
ihre Reize bzw. „Informationen". Daraufhin setzen sie verschiedene Mechanismen in Gang: (z.B. Ausschüttung von entsprechenden Hormonen bewirken: gute Gefühle, Ängstlichkeit, Ab-
wehr, Allergien, Stress…). Emotionsauslösende Reaktionen
rühren aus den vergangenen Konditionierungen, aus dem Erlernten unserer Vorbilder oder auch unseren Programmierun-
gen. Deren Auswirkung betrifft viele Ebenen in uns - sichtbar
und scheinbar unsichtbar -.

Eines ist dabei wirklich verläßlich: Wiederholte Erfahrungen erzeugen festgefahrene Denkmodelle. Diese nähren immer wie-
derkehrende Erfahrungen und Interpretationen. Wir bauen darauf unser Leben auf und treffen entsprechende Menschen, die
unser Modell zuverlässig bestärken. Wir ziehen diese Menschen förmlich an, solange wir den festgefahrenen (Gedanken)
Wegen folgen.

Andauernd belastende Erlebnisse, Streßsituationen, ständiges Kreisen um Probleme, ungesunde Verhaltensweisen/Ernährung,... erzeugen potentiell solche „Blockaden". Derartige Stauungen zeigen ihre Wirkung auf die normalen Körperfunktionen und deren Abläufe. Ist der Körper nicht mehr in der Lage, dies zu kompensieren bzw. jene Hindernisse und deren Einflußfaktoren aufzulösen, entstehen physisch sichtbare Veränderungen mit entsprechenden Symptomen. Der Körper arbeitet zuverlässig nach logischen Kausalabläufen, was in beide Richtungen genutzt werden kann. Was sind die Folgen: Krankheit, Genesung, Gesundheit, Verstärkung von Einprogrammierungen und auch die Befreiung daraus, indem wir unsere Konditionierungen/Glaubenssätze erkennen (wollen) und schließlich auch ändern. - Wir haben den freien Willen.

Denkanstöße - „Sprichwörter"

Unsere Sprache drückt mit ihren Sprichwörtern eine Fülle an tiefsinnigen Bedeutungen aus. Hier ein paar Beispiele:

„Wir haben nur dieses eine Leben."

(Anmerkung dazu: Ja, wir haben in diesem Leben nur diesen einen physischen Leib/Körper/Hülle.)

„Was man isst, das ist man..."

„Er ist eine gute Seele."

„Mit Leib und Seele"

„Die Augen sind der Spiegel der Seele."

„Laßt Eure Lebensmittel Eure Heilmittel sein."

„Ich mag mein Gegenüber nicht riechen."

(Anmerkung dazu: Dieser Wahrnehmung Aufmerksamkeit zu schenken, kann potentielle Konflikte vermeiden helfen.)

Bewußtsein oder Konditionierung

Die Industrie (Nahrungsmittel, Kosmetik, Medikamente,....) tritt über ihre Produkte in direkten Kontakt mit unserem Körper. Sie sorgt dafür, daß jeder Nutzer eine Wirkung verspüren kann. In welche Richtung das geht, ist aus meiner Sicht und Erfahrung oft sehr fragwürdig.

Der Kunde kauft das, woran er glaubt oder gewöhnt ist, auch die Neugierde ist ein Konsumtreiber. Die meisten Menschen vertrauen den Versprechungen der Hersteller, der Werbung - ganz nach dem Motto: „Das, was von außen an den Konsumenten herangetragen wird, kann nur seriös sein – alles nach neuster Forschung." Ich würde es eher als blindes Vertrauen in die Industrie bezeichnen. Die Werbeindustrie weiß genau um ihre psychologischen Werkzeuge auf ihre entsprechenden Kunden.

Doch wieso vertrauen so viele Menschen all den suggerierenden Anpreisungen auf den netten Plakaten und Filmchen? Wer hat dabei sein eigenes Befinden gefragt, ob man dieses Produkt wirklich benötigt? Was sagt Ihr Körper denn zu dem, was Ihnen versprochen wird? Kann das stimmen und ist es für den Verbraucher wirklich gesund und hilfreich?

Genau das möchte ich etwas vertiefen bzw. bewußter machen. Jeder von uns hat seinen Körper, den er so einige Jahre mit sich herumträgt, sich seiner bedient und der gut „funktionieren soll". Für viele ist seine Art der Verläßlichkeit fast selbstverständlich geworden. Wann haben Sie sich zuletzt auf ganz kindliche Weise z.B. mit ihrem Bauch bzw. Verdauungssystem unterhalten? Gefragt, wie es ihm geht?

Oder wann haben Sie Ihre Leber gefragt, ob ihr das raffinierte Öl und die Menge davon, die gerade in dem Essen schwimmt, gut tut? (Eine Anmerkung: Fett ist wichtig, gerade auch für die Vitamin-Resorption. Es geht mehr um die Qualität und einen bewußten Umgang damit.) Wann haben Sie ihre Gesichtshaut gefragt, ob die Creme notwendig und gut für sie ist, die Ihre Haut jeden Morgen und Abend verarbeiten muß?

Die Fragen könnte man noch fortsetzen. Ich nutze sogar die Gelegenheit. Wie gesagt, ich kann ihnen weniger über Ihren eigenen Körper erzählen, dies können Sie viel besser als ich. Ein kleiner Versuch: Nehmen Sie sich ein paar Minuten Zeit.

Gehen Sie jetzt in diesem Moment mit Ihrer Aufmerksamkeit zu ihrem eigenen Körper. Atmen Sie bewußt dreimal tief ein und aus und spüren Sie Ihre Füße auf dem Boden, Ihr Gesäß – wie Sie so sitzen, den Rücken, wie er angelehnt ist oder nicht -, nehmen Sie Ihren Unter- und Oberkörper wahr, Ihre Arme und Hände, den Rumpf und auch Ihren Kopf. Fragen Sie sich innerlich, ob Ihnen ein Organ etwas mitteilen möchte. Dann gehen Sie mit Ihrer Aufmerksamkeit zu dem Organ und fragen es: „Wie geht es dir? Was möchtest du mir mitteilen? Was brauchst du? Was kann ich machen, damit es dir besser geht? Was fehlt dir? Wie kann ich dich unterstützen? ,…" Wann haben Sie sich bei Ihrem Körper bedankt, ihn gelobt und Wertschätzung ausgesprochen, für all das was er täglich leistet? Das können Sie jetzt gleich am Ende dieser Übung tun.

Vielleicht klingt das für Sie seltsam, doch mit etwas Übung - manchmal auch sofort – erfährt man hilfreiche Hinweise. Sie werden auf diese Weise viel direktere Antworten individuell für sich erhalten. Das heißt, Sie übernehmen wieder die Verantwortung für sich selbst und lassen sich nicht erzählen, z.B. welche fünf verschiedenen Kosmetikprodukte Sie jetzt verwenden sollen, damit Sie scheinbar gesund und schön aussehen. Gesundheit kommt oft von innen und unsere Haut ist keine Wand, die man mit einer Tapete oder einem neuen Wandanstrich wieder erneuern kann. Der Körper ist in der Lage, zu wachsen und sich eigenständig aus sich heraus zu regenerieren. Jeder, der sich damit etwas näher beschäftigen möchte, wird auf die Wissenschaft der Epigenetik stoßen und recht interessante Konsequenzen ableiten können.

Der Mensch hat die Möglichkeit, mit Hilfe seiner bewußten Wahrnehmung und Intuition mehr über sich zu erfahren, über seine Bedürfnisse und das, was ihm wirklich nützt, gut tut und über das, was er benötigt.

Bitte prüfen Sie evtl. Prägungen, sich nur auf die neusten Forschungen - die meist nach ein paar Jahren bereits überholt sind - zu verlassen. Oft ist das, was vor ein paar Generationen noch als das Mittel der Wahl angepriesen wurde, in einer anderen „Epoche" ganz schlimm und wird vom Markt genommen.

Gerade (werdende) Mütter sind davon betroffen, die über diese Verstandesbeeinflussung abgelenkt und irritiert sind. Ein natürliches Körpergefühl wird so unterdrückt. Die Empfehlung aus dem neusten Zeitungsartikel läßt so einige Menschen entgegen ihrer eigenen Wahrnehmung Entscheidungen treffen. Es entstehen Selbstzweifel an der gesunden Wahrnehmung. Daraus resultiert eine Blockade natürlicher Impulse, obwohl gerade diese Signale - z.B. für die Auswahl von Nahrungsmitteln, Tees, Körperbewegungen, oder andere Gefühle für Mutter und Kind angemessen, wichtig und gesundheitsfördernd bzw. - erhaltend sind.

Die Verunsicherung der Mutter und die Selbstzweifel, ob sie ihren Impulsen trauen kann, überträgt sich schnell auf das Kind. So ist es scheinbar „sicherer", sich auf neuste Forschung zu verlassen. Wie kann ein Kind, das nur derartige Verunsicherung seiner Vorbilder erlebt, Vertrauen in seine eigene Wahrnehmung finden?

Der Körper ist gefragt: Frage - Antwort

Kehren wir zu dem Dialog mit unserem Körper zurück:

Praktizieren Sie das Gespräch mit Ihrem Körper regelmäßig, dann lauschen Sie auf die Antworten. Dies ist natürlich ebenso für allgemeine Themen, die Sie direkt betreffen, möglich.

Zentrieren Sie sich immer im Herzen und warten Sie, ob und welches Gefühl, welche Information in Ihnen zum Vorschein kommt – z. B.: „...ich brauche das Waschmittel mit dem Zitronenduft unbedingt". Oder: „...die Tüte Gummibärchen ist jetzt dringend nötig,..." (Es kann treffend als Ersatzbefriedigung bezeichnet werden.)

Vielleicht kommt aber auch die Antwort: „...verzichte besser auf Produkte mit zu starken künstlichen Duftstoffen". Oder: „...gehe besser in den Zoo und beobachte die Bären - Tiere und Natur tun Dir jetzt gut..."

Diese Bilder nehme ich zum Anlaß für eine Anmerkung. Die Natur (Wald, Berge, Seen,...) bietet uns eine Art Tankstelle. Diese Orte wirken auf uns wie ein Regenerationsplatz, wir können dort leichter Kräfte sammeln und zur Ruhe finden. Für viele Menschen wirkt Natur inspirierend. Es geht einfach darum, den fühlbaren und eindeutigen Zugang zum eigenen Körper wieder zu finden bzw. zu intensivieren. Unsere physische Hülle ist unser eigenes Haus, Der Mensch ist sowohl Eigentümer als auch Besitzer. D.h. ich bin gerufen, meine „Räume" zu nutzen (meine Gaben zu leben). Das heißt, erkennen zu können, wie „richte" ich mich bewusst ein, frei von Fanatismus, Scheuklappen, Fremdvorgaben und auch frei von Dogmatismus. Das ist natürlich bezogen auf all das, was ich um mich, in mich und an mich heran lasse.

Sowohl Wachheit und Freude ist bei allem wichtig. „Freude" kann natürlich durch eine Hand voll Gummibären einmal erreicht werden. Es hilft uns, Lebensmittel zu uns zu nehmen, die uns nähren und unser Leben unterstützen. Genuß sollte dabei aber nicht ausgeklammert werden. Unsere Sinne gilt es gleichzeitig zu fördern, zu eichen und zu pflegen. Die Achtsamkeit ist nicht nur bezogen auf unseren Organismus, sondern selbstverständlich auch auf die Natur unsere „Umwelt". Diese umgibt uns und bildet die Grundlage unseres Lebens (Das motiviert automatisch, bewusster „Reinigungsmittel" auszuwählen und zu dosieren; einen Fremden die Türe aufhalten, wenn er die Hände voll hat oder der alten Dame die Münze aufzuheben, die eben aus ihrem Geldbeutel rollte,....). Ein bewußter Umgang im eigenen Umfeld ist eine Pflege auf allen Ebenen mit Auswirkung auf Körper, Geist und Seele.

Zusammenfassend: Wie bereits benannt, ist es wichtig, den Körper nicht als ein isoliertes Instrument zu betrachten, vielmehr als ein Geschenk „Gottes", das wie ein Wunderwerk geachtet und umsorgt, gepflegt und genährt werden will, auf allen Ebenen. Das bedeutet, ein Bewußtsein darüber auszubilden. Wir können nur bei uns selbst beginnen. Schafft man es bei sich, so kann man auch klarer in seinem Umfeld agieren, mit entsprechenden Folgen.

2. Einflußnehmende Faktoren

Die Macht des Gesellschaftsstempels

Ich brauche nicht wiederholt aufzuzählen, was wir von außen (z.b.: die Medien, Verkäufer) gesagt bekommen, was wir scheinbar unbedingt benötigen, damit wir wirklich ein glückliches Leben führen können (die neue Doppel-tiefkühl-pizza als Vorratspackung). Die Werbezitate erspare ich uns allen. Es ist schon seit Jahren bekannt, wie manipulativ viele Industriezweige und Medienlandschaften auf uns einwirken - in allen Bereichen.

Jeder Mensch hat verschiedene Gaben/Talente, die gelebt werden möchten und die ihren Platz haben. Die verwirklichten Gaben, die ein Individuum hat, werden es nicht nur befriedigen sondern auch gesund erhalten und erfreuen. Allerdings nur, wenn es sie individuell leben und entfalten kann.

Genau das ist ein Problem: Wie viele Erdenbürger können ihre Talente leben? Wenn sie dies nicht tun können, kanalisiert diese Unterdrückung unbewußt Konsumwünsche, Frustessen, Kaufrausch,... sofern Geld dafür vorhanden ist. Das ist leider auch nichts Neues: Wie viele Geschöpfe leben bzw. überleben auf diese Weise nur noch? Heute nennt man es auch arbeiten, ihrem Job nachgehen, Geld verdienen, um im Freundeskreis mithalten zu können, sich oder Anderen etwas zu beweisen,.... Der Lebensstil des heutigen Menschen wirkt eher maschinell, automatisch, statt voller Kraft individuell mit seinem Potential. Das Wort „Beruf", beinhaltet die Berufung. Wer sich berufen fühlt, wird seiner gewählten Tätigkeit mit viel mehr Einsatzfreude nachgehen, sich auf leichte Weise seiner Lebensenergie widmen,... schließlich erfolgreicher und zufriedener mit dem Leben sein.

Diese „Lebenseinstellung" konnte ich in all meinen beruflichen Lebensjahren mehr und mehr um mich herum beobachten. Aus eigener Erfahrung kenne ich die Hoffnung, den Selbstwert über einen Titel, etwas Materielles, eine berufliche Postion erlangen zu können, die mir scheinbar ein Selbstwertgefühl schenkt.

Das Gefühl: „Jetzt habe ich es geschafft, jetzt bin ich jemand..." Die Tücke war: Als ich bestimmte Ziele nicht erreichte, brach dieses Gebäude ein, an das ich mich so klammerte. Mein Leben auszurichten, ohne zu hinterfragen, ob die Tätigkeit wirklich meinem Wesen entsprach. Alles schien in diesem Augenblick „des Versagens" verloren und ich dachte, nichts mehr zu haben, somit auch nichts mehr wert zu sein.

Der Grund: Bei all den Anstrengungen „das Ziel" zu erreichen, bzw. etwas hinterherzulaufen, verlor ich mich selbst aus den Augen. Genau das war aber die Grundlage, für den Eindruck des „nichts mehr zu haben, nichts zu sein".

Nach dieser Erfahrung bemühte ich mich, Stück für Stück daran zu „erinnern" was meine eigentlichen Stärken sind, was mir Kraft gibt, wenn ich dem nachgehe und wie ich nach meinen Möglichkeiten eine sinnerfüllte Berufung ausüben kann. Natürlich bedeutete das, ohne sich „verbiegen" oder „verstellen" zu müssen, meinen Weg zu finden, von einer für mich authentischen Tätigkeit Leben zu können. Dies ist aber nicht zu beantworten, wenn ich mich nicht wert schätze und meinen Selbstwert über das Außen definieren möchte.

Der Einfluß des Umfelds

Wie das geschieht, versuche ich mit folgendem Bild aufzuzeigen: Nehmen wir einmal an, jeder von uns stellt ein eigenes Haus dar - wir wären eine kleine Stadt oder Dorf. Jedes Haus ist einzigartig, von außen, von innen, in seiner Einrichtung, in der Dekoration, in der Zahl der Bewohner (z.B.: wohnt in einem Haus eine große Familie oder nur ein Pärchen, eine Einzelperson, eine WG,...) all die Häuser/Wohnungen haben etwas Individuelles, je nach Art, Aufgabe, Eigenschaft der Menschen.

Daher ist es verständlich, daß ich jetzt selbst nicht auf die Idee kommen würde, für jedes der Häuser z.b.: ein Klavier als wichtigste Einrichtung kaufen zu wollen. Aber angenommen im Außen wird z.b. über eine gesetzliche Vorgabe oder den Einfluß bzw. Druck der uns „Nahestehenden" ein Appell ausgerufen: „Jeder Bewohner muß zu seiner eigenen Sicherheit und/oder für seine Altersvorsorge, ein Klavier im Haus haben." Die Erfahrung zeigt, nicht jeder Mensch benötigt ein Klavier, damit es ihm gut geht, er gesund ist und das Gefühl hat, sich zum Ausdruck zu bringen. Sicherheit bietet ein Instrument schon gar nicht.

Viel mehr würde so ein Gegenstand - je nach Größe des Hauses - im Weg stehen oder zweckentfremdet werden. Es gäbe einige Menschen, für die wäre allein die Anschaffung ein Problem. Dieser Vergleich hört sich etwas bizarr an. Es scheint mir allerdings, als sei er auf viele Bereiche übertragbar und einige Institutionen versuchen dies, nur eben mit anderen Produkten und/oder Begründungen.

Was benötigt ein Mensch?

Es finden sich in unserer heutigen Lebensweise hilfreiche Produkte und somit sinnvolle Werbemaßnahmen dafür (umweltschonende Reinigungsmittel z.B. Soda, Natron,...). Jeder von uns reinigt notwendigerweise bestimmt regelmäßig etwas.

Ganz sicher benötigen wir alle z.B. Wärme und noch einiges mehr. Wärme ist wichtig, um in unserem Haus zu leben, gut zu leben und gesund zu sein. Neben der Wärme ist frische Luft bzw. Luftaustausch vorteilhaft, sonst bildet sich gerade im Winter schnell Kondenswasser und das führt leicht zum Schimmelwachstum. Zumindest sind manche Bereiche und Materialien dafür anfälliger.

So kann ich folgendes übertragen: unser „Haus" (= Körper) ist individuell, doch benötigen wir Menschen alle etwas, damit die „Bausubstanz" (= Zellen, Organe, Gewebe,....) erhalten bleibt. Die Notwendigkeit der Pflege ist von größter Bedeutung für eine Bestandserhaltung (= Gesundheit).

Die Beziehung zu unserem Körper wird mit Pflege, Achtsamkeit, Liebe, gesunden „Nahrungsmitteln", Wasser, Luft, etc. gestärkt. Auf diese Weise werden Regenerationsprozesse unterstützt, die Gesundheit erhalten und die Leistungsfähigkeit gefördert.

Wir können nur unseren Bedürfnissen nachkommen, wenn wir sie wahrnehmen. Die Aufmerksamkeit für unsere Körperprozesse ist gleichwertig elementar, wie die auf das äußere Einflußfeld. Was meine ich damit: Eine Bewußtheit, Präsenz, Wachheit, gegenüber dem, was wir denken, tun oder sagen.

Ein gepflegtes Haus/Körper kann für unser Gegenüber ein Vorbild sein. Finden sich mehrere Menschen, die ihr Haus /Körper pflegen, entsteht eine gepflegte Stadt, und auch die Umwelt wird entsprechend fürsorglich behandelt. Wir tragen immer über uns etwas in die Welt, stellen ein bestenfalls dienliches Vorbild dar. Das setzt gleichzeitig voraus zu wissen, wer ich bin und folglich, was ich benötige. Bevor ich erkennen kann, was mir wichtig ist, wäre es ratsam, ein paar Fragen zu klären:

Bin ich in mir sauber und klar?

Was ist die Aufgabe meines Körpers?

Bin ich nur hier, um zu essen oder zu trinken?

Sind diese Bedürfnisse alles oder nur Teile von mir, mit denen ich dennoch bewusst umgehen sollte?

Möchte ich wirklich die Verantwortung für mich und mein Leben übernehmen?

Worum geht es mir im Leben?

Was benötigt mein Körper noch, d.h. was ist mir wirklich wichtig?

Was unterstützt meinen Körper, damit ich im Hier und Jetzt meine Aufgabe auf gute Weise erfüllen kann?

Diese Fragen sind lediglich Anstöße, deren Antworten wir - glaube ich - kaum alleine mit dem programmierten Verstand finden können.

Ich bin mir sicher: Für den Körper ist Bewusstheit, Mut, geistige Beweglichkeit, Bewegung genauso wichtig, wie die Freude und Liebe bei all unserem Tun. Doch diese Erkenntnisse helfen wenig, wenn man nicht weiß, wie sie umzusetzen sind. Da ist es leichter und einfacher, in der Gesellschaftsnorm mitzulaufen, wie es zur Zeit noch zu viele Menschen praktizieren (Gruppenzwang).

Wie mühsam ist so ein gesunder Lebensstil in Bezug z.B. der Nahrungszubereitung, d.h. viel Geld für gesundes Essen auszugeben, alles selbst zuzubereiten – und vor allem, wie viel Zeit für Einkauf und Kochen aufgebracht werden muß. Dann ist alles aufgegessen und weg. Schließlich stapelt sich in der Spüle das Geschirr. Wozu das alles?

Das sind schwere Gedanken - oberflächlich vielleicht berechtigt. Doch in solchen Momenten sagte mein Mann immer: „Alles das, was Du in das Essen steckst, sind die Bausteine, die wir in ein paar Wochen sehen werden, die uns gesund und bei Kräften halten."

Diese Vorstellung gibt mir persönlich immer wieder das Gefühl, daß der Aufwand sich lohnt. Ehrlich gesagt, kann ich dankbar sein, überhaupt die Möglichkeit zu haben, ein gutes Essen zuzubereiten und mich daran erfreuen zu können. Mein Körper zeigt mir schnell an, ob er etwas mag oder nicht. Ich liebe Süßes, selbstgebackene Kuchen, lecker zubereitete Nachspeisen, ein Tiramisu oder auch eine Torte, viele Leckereien, mit denen nicht nur ein guter Geschmack verbunden ist, sondern auch alltagsunterbrechende Momente. Sicher bin ich damit nicht alleine. Allerdings habe ich regelmäßig die Erfahrung gemacht, wie grantig und ungeduldig ich nach dem Verspeisen von diesen köstlichen Süßigkeiten (Zucker) werde und wie ungut es sich für mich anfühlt. Oder mein Darm rebelliert, wenn ich z.B. Fertiggerichte verzehre bzw. mir wird oft unwohl davon. Allein der Geschmack zeigt mir schon an: „Laß' das Zeug auf dem Teller." Ich danke noch heute meiner Mutter, die so große Mühe und Sorgfalt in die Lebensmittelauswahl und die Essenszubereitung steckte. Für sie war/ist jegliche Art von

Fertigprodukten ein Tabu. Ab und zu kann ein Fertig-/Halbfertigprodukt eine Notlösung sein. Doch zeigt sich die Grundausrichtung in der eigenen Fürsorge mit einer gesunden Lebensmittelwahl. Auch hier entscheidet jeder selbst, was ihm etwas wert ist. Die geistige Pflege/Nahrung unseres Seins ist von elementarer Tragweite; denn jede Entscheidung hat Folgen. Erstaunlichen Einfluß auf unser Befinden nehmen die Entscheidungen - auch wenn sie noch so klein sind - wie wir uns verhalten: Achte ich auf den Erhalt meines Gleichgewichts und das der Natur? Verhalte ich mich in meinem Entschluß kohärent? Was motiviert mich zu der Willenserklärung? Z.B.: Treffe ich die Entscheidung, damit ich Macht bekomme und im Mittelpunkt stehe, oder möchte ich nach bestem Gewissen und Wissen dienlich sein, auch wenn es keiner sieht?

Unsere Beschlüsse sind wie die Samen, die wir säen. Irgendwann erhalten wir die Früchte davon. Daher lohnt es sich, sein Saatgut bewußt auszuwählen. Jede Entscheidung beeinflußt kurz und langfristig unser Wohlbefinden. Mein Absichtsdenken ist in der Lage, seine Informationen im ganzen Körper spürbar werden zu lassen. Daher lohnt es sich immer wieder, die Frage zu stellen: „Aus welcher Motivation heraus nutze ich meinen freien Willen?"

3. Thema Nahrung, Chemie und Pflege

Grundgedanken

Wie ernährt und pflegt man seinen Körper, damit er gesund bleibt?

Ziel ist es: Hier leben zu können, d.h. der Arbeit nachzugehen, sich unter den täglichen Einflüssen angemessen bewegen zu können oder zu erkennen, was benötigt wird.. Es geht darum, die gesunden Systeme und Körperfunktionen aufrecht zu erhalten. Denn all die Bewegungen, Gedanken, Reaktionen, Empfindungen, Umstände kosten ja irgendwie Kraft und Energie.

Diese verbrauchte Energie sollte wieder aufgefüllt bzw. ausgeglichen werden. Jener Vorgang geschieht bei den meisten Menschen in Form von Nahrungsaufnahme (Essen, Trinken, Sauerstoff; ich zähle auch Licht, Wärme und Liebe... dazu). All das wird verstoffwechselt und im Körper an den entsprechenden Plätzen integriert. Der physische Körper erhält in etwa so seine Frequenz bzw. Kraft, die ihm zur Verfügung steht, für all die Prozesse, die ihm abverlangt werden.

Jeder Körper ist individuell, hat seine ganz eigenen Bedürfnisse, aufgrund der verschiedenen Beschaffenheit, Umstände und Konstitutionen. Daher ist es aus meiner Sicht nicht 100%ig möglich, allen Menschen eine vereinheitliche Lebensweise anzuempfehlen. Für den Einen mag eine Indische Kochweise nach den Pita-, Vata- und Kapha - Typen gut sein. Für den Anderen verursachen diese Gewürze gerade ein Unbehagen. Für einige ist es sinnvoll, sich vegetarisch zu ernähren. Andere benötigen Fleisch.

Ebenso kann es temporäre Veränderungen geben. Was eine Weile dem Körper gut bekommt, muss nicht bedeuten, dass er dies ein Leben lang nur so zu sich nehmen sollte. Der Körper wandelt sich (z.B. aufgrund unserer Gedanken, Lebensumstände und des Alters) und mit ihm seine Bedürfnisse. Auch Umzüge in andere Regionen, oder in andere Länder, müssen beachtet werden. Klimatische und kulturelle Veränderungen sind nicht zu unterschätzen.

Dennoch ist eine grobe Richtung bzw. Lebensgrundlage meiner Meinung nach bei allen Menschen gesund. Diese Grundlagen erkennen wir über unsere Bedürfnisse, über ein Körperbewußtsein. Nahrung versorgt nicht nur den Körper und nimmt das Hungergefühl, sondern nimmt Einfluß auf die biochemische Struktur, dementsprechend auf unsere Magnetfeld- und Ätherfrequenzen.

Im Essen finden wir Stoffe verschiedenster Komplexität, angefangen bei einfachsten Spurenelementen bis hin zu komplexen Vitamin- und Aminosäurestrukturen, Wirkstoffe der Kräuter, sekundäre Pflanzenstoffe etc..

Aber auch weniger Gesundes nehmen wir zu uns (biochemische Giftstoffe. Diese haben nicht nur eine schädliche Auswirkung für unseren physischen Körper.). Der Einfluß auf unsere „Felder" bzw. Zellen, der bis in die Gedanken- und Verhaltenswelt reicht - ist dabei nicht zu unterschätzen.

„Du bist was Du ißt."

Das bedeutet, es ist wichtig, daß man bewusst und auch mit Sorgfalt auswählt, was man ißt. Der Körper ist nicht darauf ausgelegt, permanent neben der täglichen Arbeit, Geld verdienen,..., sich ständig um den Abtransport von Chemikalien, Giften, Farb-, Konservierungsstoffen und Hormonen und wie sie alle heißen mögen, kümmern zu müssen. Das kostet sehr viel Kraft. Das betrifft genauso allerlei Kosmetikprodukte, die gerne als „Pflegeprodukte" beworben werden.

Zu diesem Thema könnte man viel sagen. Etliches ist bereits bekannt und kann nachgelesen werden. Es würde jetzt den Rahmen sprengen, um dieses Thema zu vertiefen.

Allgemeine Auflistung zum Thema Essen

Nun noch eine kleine Sammlung rund um das Thema Nahrung:

* Der Mensch sollte sich Zeit nehmen zum Essen und seine Gerichte gut kauen. Ein ausreichendes Zerkleinern im Mund und Einspeicheln hilft der weiteren Verdauung und entlastet so den Körper.

* Bewußt den Geschmack des Essens wahrzunehmen macht Freude.

* Appetitlich angerichtetes Essen erfreut nicht nur das Auge.

* Hygiene in der Zubereitung ist elementar.

* In Gesellschaft die Mahlzeiten zu sich zu nehmen, ist für viele Menschen schöner. Ein Sprichwort sagt: „… ein gemeinsames Essen schmeckt besser". Bitte aber mit erheiternden und ausgewählten Gesprächsthemen.

* Allerdings vertragen sich bei den meisten Menschen Fernsehen, Technik, Zeitdruck mit Essen gar nicht. Damit die Speise voll ausgekostet werden kann und schließlich die körperlichen Prozesse die Verdauung harmonisch umsetzen können, braucht es Zeit.

Abschlußanmerkung

Die leibliche Nahrung (Essen und Trinken) ist nur ein Teil unseres Lebens. Man sollte sich nicht zu dogmatisch auf seine Essenszubereitung fokussieren. Bewußtheit im Umgang mit Nahrung ist gesund. Von Dogma und Fanatismus ist in jedem Fall abzuraten. Weitere wichtige „Nahrungsquellen" - für die Erhaltung, d.h. Pflege des Körpers und Geistes bzw. die Seele – sind folgende Bereiche zu nennen:

Ruhepausen, gesunde Mischung von Ruhe und Anspannung, Bewegung (so bewegen, wie es dem Körper gut tut, z.B: Sport, Naturspaziergänge), Interesse an seiner Umgebung und die Sinne nähren über: Neues zu lernen, Freude, Schönheit, Farben, Musik, Kunst, soziale Kontakte (Freundschaft, Familie).... Das sind nur ein paar Beispiele vieler Möglichkeiten, die eine nicht zu unterschätzende Auswirkungen auf unser Wohlbefinden haben können. Den Spruch: *„Man hat nur dieses eine Leben."* wandele ich daher etwas um: *„Man hat in diesem Leben nur den einen Körper."*

Es ist wirklich hilfreich, sich immer wieder folgendes bewußt zu machen: Nur mit Hilfe des Körpers kann das Innere (Seele) wählen: Was führe ich mir zu (Essen, Trinken,...)? Womit umgebe ich mich (Kleidung, Umfeld,...)? Wen lasse ich zu mir

(Freundeskreis,....)? Auf jede Entscheidung folgt eine Erfahrung. Es ist hilfreich, sich selbst immer wieder zu hinterfragen: Wie ist der Lebensstil, die Lebenseinstellung, wie und wo lebe ich, wo oder was kaufe ich, mit welchen Menschen umgebe ich mich, habe ich Vorbilder – was vermitteln diese, was sind meine Werte,…?

Der Mensch - „ein Allesfresser"?

Der Mensch gilt als „Allesfresser": Was ist „Alles" und was heißt das? Dieser Spur gehe ich kurz nach am Beispiel verschiedener Elemente.

1. z.B.: Obst/Gemüse/Fleisch = Ja, das kann jeder essen – sofern keine Allergien vorliegen, - wenn diese auf gesundem Boden unter natürlichen Bedingungen gewachsen sind/sich entwickelt haben. Wieso? Normale, d.h. natürlich gewachsene Nahrung, wird vom Organismus zerlegt, umgebaut und verwertet; Baustoffe für die Körperzellen, Substanz „seines Hauses" (Provitamine, Mineralstoffe,…). Außerdem dienen die Lebensmittel der Gewinnung eigener Energie (Kohlenhydrate).

2. z.B.: Sand/Gesteinsmehl = So etwas kann verzehrt werden, wenn auch der Geschmack nicht der beste ist. Wieso kann man Sand essen? Sand ist natürlich, man kann ihn auf natürliche Weise wieder ausscheiden. Feinster Sand reinigt vielleicht noch meinen Darm (siehe Heilerde, Zeolith...)

3. z.B.: Chemie/Kunststoffe = Nein, davon ist absolut abzuraten. Wieso? Ein gesunder Körper kann mit vielen Bakterien umgehen (dafür gibt es z.B. die Magensäure, Leukozyten, ein Immunsystem,...), was ein Überhandnehmen der Eindringlinge verhindert.

Nehmen wir aber z.B. chemische Stoffe zu uns - die bekanntlich kaum abbaubar sind – findet häufig eine Einlagerung im Körper statt (z.B. gelangen Nanopartikel über die Blutbahn in die Organe, oder andere Giftstoffe werden im Fettgewebe, Brustgewebe,... abgelegt). Das Problem an diesen Sondermülldepots ist, der Körper kann damit nicht umgehen, er kann sie nicht ohne weiteres abbauen, ausscheiden. Viele der Gifte verteilen sich einfach, lassen sich nieder und dieser Mensch schleppt das ganze „Material" mit sich herum. Manche chemischen Stoffe greifen direkt die Zellen, Gewebe,... an. Diese Prozesse laufen sehr differenziert ab und eine Vertiefung in die Prozesse würde den Rahmen an dieser Stelle sprengen.

Fazit: Der Mensch ist ein Lebewesen und benötigt Lebensmittel. Daher sollte er nicht alles „fressen".

Wie ist es mit Bakterien?

Der Mensch ist in der Lage, mit vielen Kleinstlebewesen umzugehen. Teils brauchen sie gerade die verschiedenen Bakterienstämme für die Stärkung des Immunsystems. Z.B. arbeitet in der Darmflora eine große Anzahl an Bakterien für unsere Gesundheit. Die gesunde Darmflora liefert eine Basis für einen stabilen Organismus.

Vor den 1980iger Jahren desinfizierten vermehrt Haushalte mit Kindern regelmäßig Küchengeräte, Sanitäreinrichtungen,... .

Die Menschen waren der durch Medienkampagnen geprägten Auffassung, das ständige Verwenden dieser Chemie kann Krankheiten vorbeugen. Als Folge wurde beobachtet, daß immer mehr Allergien auftraten, vor allem bei den Kindern, und andere gesundheitliche Probleme nahmen unerklärbar zu.

Es dauerte, bis die Ursache, das permanente Desinfizieren, als solche erkannt wurde. Dennoch erweist sich Sauberkeit als sinnvoll, um den Organismus zu entlasten. Er würde ansonsten unnötig mit zusätzlichen Abläufen (z.B.: Aktivierung des Immunsystems, Regeneration, etc.) beschäftigt sein. Daher macht normale Reinlichkeit Sinn, statt ständig die Polizei (=Immunabwehr) im Einsatz zu haben; gerade in der Gesellschaft, in der wir gegenwärtig leben, in der wir arbeiten und das Geldverdienen im Vordergrund steht.

Vielfach reicht ein gründliches Händewaschen mit Seife nach z.B. einem WC-Gang. Dieses Reinigung wird derzeit leider selbst von Erwachsenen übergangen. Das ist dann ein anderes Extrem gegenüber des Desinfektionsdrangs.

Kurzer Ausflug in die Leistungshygiene:

Gegenwärtig versuchen Menschen, ihren Selbstwert innerhalb des Betreibens von „Hamsterrädern" zu erfahren, die der Norm des modernen Status´ entsprechen (man erhält Aufmerksamkeit, wenn man das XY-Haus, Auto, Elektronikgerät,... hat, in bestimmten Branchen/Posten sein Geld verdient und am besten 24 Stunden dafür verfügbar ist). Darauf gehe ich in späteren Kapiteln näher ein.

Solch ein Leben ist anstrengend, und unser Körper benötigt dafür viel Energie. Wir müssen ihn wenigstens über eine gesunde Nahrung unterstützen.

Ab und zu ist der Körper in der Lage, schlechte Nahrung zu kompensieren, ohne weitere gesundheitliche Auswirkungen. Ich finde es grundsätzlich unklug, seinen Körper ständig in seinen Schutz-/Abwehr- und Abbaumechanismen zu strapazieren.

Dieser „Fastfood-Lebensstil" ist bei den meisten Menschen langfristig parallel zu der „Hamsterrad-Arbeitswelt" schwer zu verkraften. Schließlich sei hier in Erinnerung gerufen: Essen ist nicht alles! Seelengesundheit durch Entspannungspraktiken, Freunde, körperliche Bewegung, geistige Förderung, Gedankenhygiene, Glaube, Freude im Leben, ein gutes Umfeld,... kann uns die Balance geben, damit der Körper die Stabilität eines soliden Hauses hat, in dem wir uns wohl fühlen und gesund sind/bleiben.

4. Der Körper - ein Bewegungsapparat

Zu diesem Thema gibt es sehr viel Literatur, Angebote und praxisorientierte Angebote. Je nach körperlicher Konstitution wird jeder Bewegungsmöglichkeiten finden, wenn er denn möchte. Ohne auf einzelne Sportarten einzugehen, gebe ich einen grundsätzlichen Überblick, den ich in Zusammenhang mit Bewegung und dem Menschen als entscheidend erachte.

Drei Aspekte halte ich in allen Bewegungsmöglichkeiten für unabdingbar:

1. Der Kraft eine Richtung zu geben

2. Seine physischen Grenzen achten und seinem Körper nach und nach etwas mehr zutrauen

3. Achtsamkeit im Umgang mit Bewegung/Sport, d.h. bewußte Bewegungen

Sport als Ausgleich zum Alltag:

Aus meinen Beobachtungen heraus kam ich zu folgendem Ergebnis: Oft wird angestaute Energie einfach entladen: (Man quält sich in sein Fitnessstudio). Das kann hilfreich sein, doch ist es aus meiner Sicht eher ein Zeichen, daß man über seinen Alltag und Lebensstil nachdenken sollte.

Gibt es eine Möglichkeit, die Energie in uns ins Fließen zu bringen, am fließen zu halten?

Ich glaube schon. Wahrheiten im Alltag zu erkennen und sich einzugestehen ist dafür eine Voraussetzung. Das gilt auch in Bezug auf Bewegung. Besteht eine Möglichkeit, statt einer Entladung von wütenden Emotionen etwas Anderes aufzuladen?

Vielleicht ist es langfristig gesünder, eine sinnvollere Ausgleichsmaßnahme auszuführen, mit einer gesunden Einstellung: Freude bei der Bewegung, etwas Bleibendes zu gestalten, etwas in der Natur zu tun, gemeinsam oder alleine, auf jeden Fall den bewußten Körperimpulsen folgen. Das bedeutet, seinen Interessen Ausdruck geben, gleichzeitig die Körperimpulse wahrzunehmen, die Balance im Körper mit Bewegung unterstützen und Gelenke entsprechend ihrem Radius beweglich halten.

Z.B. angestaute Emotionen führen vielfach zu verhärteten Muskelpartien. Für Entladungen wendet unser Organismus teilweise selbstständig Mechanismen an. Nehmen wir zur Verdeutlichung im Schlafprozeß das Zähneknirschen. Auf diese Weise kompensiert vereinfacht dargestellt unser System Spannungen. Das ist ein typisches Signal bzw. Warnhinweis, um einen genaueren Blick auf seinen Alltag zu richten. Wo muß ich die Zähne zusammenbeißen? Was oder wer streßt mich? Wie sieht meine Körperhaltung aus? Wo trage ich zuviel Verantwortung? Diese Fragen bieten Möglichkeiten, Ursachen auf den Grund zu gehen.

Das heißt Energie kanalisieren, statt sich auszupowern. Geladene Emotionen dort hinbringen, wo sie hingehören (z.b.: Lösen eines Konflikts direkt mit den Beteiligten).

Demnach Lösungen finden, für das, was diesen emotionsgeladenen Zustand (Ungleichgewicht) erzeugt. Das geht nur über Ehrlichkeit, Mut und Bereitschaft zur Wahrheit (zu sich selbst und dem Gegenüber) aber auch Mitgefühl und Liebe; manchmal auch Beharrlichkeit und Geduld. Somit können Energie bzw. gestaute Emotion sinnvoll gewandelt werden.

„Werkzeugpflege"

Der Körper wird neben unseren „Altlasten" täglich mit Stoffen konfrontiert z.B.:

* aus dem, was uns umgibt,

* dem, was wir zu uns nehmen

* und Gedanken - folglich Emotionen -.

Vieles davon unbewußt und manchmal nicht das Beste für uns. Wichtig ist es daher, den Leib zu unterstützen, je nach Notwendigkeit zu entgiften, ihn sauber zuhalten, Vorsorge und Pflege zu betreiben,....

Aus meiner Sicht ist es sinnvoll, Möglichkeiten zu finden, die unser ganzes System mit einbeziehen. Z.B. ist die Traditionelle Chinesische Medizin (TCM) bemüht, den Körper als Ganzes zu sehen und Ursachen für Beschwerden zu finden, statt nur an Symptomen zu arbeiten.

Eine gesunde Pflege für den Menschen beinhaltet immer mehrere Aspekte.

Geistig

Stärkung für den Geist kann sein z.b. sich mit schönen Dingen zu beschäftigen, Freude, Lachen, woran man sich beglückt, imaginäre Möglichkeiten nutzen, bewußtes Denken, d.h. präsentes Wahrnehmen seiner Gedanken. Techniken, die die Kopfarbeit mit unseren Körper verbinden, können hilfreich sein, die Vorstellung, durch meinen Atem lasse ich alle Giftstoffe über die Füße zur Erde abfließen, die dort gereinigt werden. Oder sich immer wieder vorstellen, wie man gesund und voller Freude seinen Alltag meistert.

Das sind Impulse, auf die unser physischer Leib reagieren kann. Auf dem Gebiet existieren fundierte Forschungsarbeiten, die die Kraft des menschlichen Geistes belegen. Wichtig bei aller Art der geistigen Persönlichkeitsentwicklung, ist immer die Ehrlichkeit zu sich selbst.

Seelisch

Seine seelischen Aspekte stärken kann man über die „Kontaktaufnahme" zu sich (einer Innenschau), beispielsweise im Rahmen verschiedener Meditationspraktiken. Generell zeigt es sich als förderlich, seine Gaben, Talente erkennen zu wollen, seine Stärken bejahen, sie zu pflegen und diese zum Ausdruck zu bringen, sie zu leben. Geselligkeit, Aktivität und Stille in gesunder individueller Balance betreiben.

„Techniken" für die seelischen Hygiene können recht hilfreich sein. Möglichkeiten sind beispielsweise Verzeihungsmeditation, beten und ein liebevolles Beobachten der eigenen Macken helfen, alte Wunden, Glaubenssätze, Muster, Konditionierungen aufzulösen. Die Aufmerksamkeit innerhalb des Tages immer wieder auf einen bewußten Atem richten (Zwerchfellatmung). Für die meisten Leser ist das vermutlich nichts Neues, die Erfahrungen motivieren immer wieder diese wirkungsvollen Techniken, praktisch zu betreiben.

Physisch:

* Gesundes Essen & Trinken, Bewegung an der frischen Luft/Natur, bewußten Kontakt zum Körper halten (wahrnehmen, was er gerade braucht, entspricht einer Intuitionsübung),

* Ausgewogenes Verhältnis von Arbeit (Anstrengung) und Erholung. Die Freude sollte bestenfalls bei allem Tun ein Begleiter sein.

* Der Körper kann mit Kräuterkuren unterstützt werden in seinen Entgiftungs-, Reinigungs- und Aufbauprozeßen.

* Körperhygiene und Küchenhygiene, (z.B.: Kleider, Kühl-schrank, Geschirr,...)

* Angemessene Bewegung unterstützt den Körper in seiner Beweglichkeit und in seinen biochemischen Abläufen. Sie för-dert Streßabbauprozesse.

* Ausreichende Sauerstoffzufuhr über tiefe Atmung in den Bauchraum.

* Kritischer Umgang mit Informationen von außen.

Wir sind größtenteils eigenverantwortlich dafür zuständig.

5. Puzzleteile des Erdenlebens

Bewohnt die Seele einen Körper = ihr Haus, darf sie sich an Verschiedenes halten, damit sie leben, sich bewegen und existieren kann. Körper und Seele sind davon beeinflusst, und gemeinsam müssen sie mit sämtlicher Einflüssen umgehen (lernen). Gleichzeitig können gewisse Gesetzmäßigkeiten auch genutzt werden.

Manche sagen dazu Einflüsse, manche Gesetze, Mechanismen, die auf unseren Körper wirken.

Beim Lesen dieser Auflistung bitte ich Sie, immer wieder zu fühlen und hineinzuspüren, was damit gemeint ist:

Chemisch/Biologische

Das bedeutet grob gesagt: Der Organismus kann eine direkte Verbindung zu seiner Umwelt herstellen, die auch in enger Wechselwirkung mit dieser steht. Darauf ist die gesamte funktionelle Organisation des Menschen ausgerichtet:

Die Sinnesorgane (Tastsinne, Geschmacks-, Geruchssinne, Augen, Gehör) reagieren auf äußere Einflüsse. Diese Reize lösen nach der Registrierung – über die Sinnesorgane - entsprechende Reaktionen über das Gehirn aus. Das geschieht, vereinfacht gesagt, durch chemisch/biologische Prozesse. Mit Hilfe der Reizübermittlungen kommen z.B. unsere Konditionierungen zustande. Es sind einfach Abläufe und Verknüpfungsprozesse, die in unserem Körper wiederholt stattfinden, die meisten unbewusst. Diese Abläufe werden je nach Intensität oder Wiederholung der Reize entsprechend im Gehirn abgespeichert und sind zuverlässig abrufbar, was sich angenehm oder unangenehm auswirken kann.

Ein Beispiel:

Gerade Licht und Dunkelheit lösen verschiedene Prozesse im Körper aus, denen unser Stoffwechsel, Hormonhaushalt und vieles mehr mit entsprechenden Auswirkungen unterliegen. Eine Interpretation auf einen Reiz löst eine Reaktion aus. Die chemisch/biologischen Prozesse sind der „Übersetzer", damit schließlich unser Verhalten, Reaktionen, Empfindungen, Haltungen und was alles dazu gehört, zum Vorschein kommen.

Der Leib ermöglicht, eine enge Verbindung zu seiner Umwelt herzustellen, die in direkter Wechselwirkung mit dieser steht. Darauf ist die gesamte funktionelle Organisation des Menschen ausgerichtet:

Zusammenfassung - Der Körper kann:

* Äußere Reize wahrnehmen und darauf reagieren.

* Erkennen und handeln (über das Gehirn/Herz/ Nervensystem).

* Bewusst wahrnehmen (geschieht über das Sinnessystem, das sensorische System).

* Bewusst reagieren und agieren (z.b. über das motorische System).

* Unbewusst reagieren und agieren (je nach Einspeicherung von Erfahrenem in der entsprechenden Hirnregion).

* Lernen bzw. sich erinnern (über Konditionierungen, Lernen am Modell, Versuch und Irrtum, Verstärkung).

* Konditionierungen löschen bzw. entsprechend vergessen.

Abläufe der Sinneszellen z.B. leiten über biochemische Reaktionen Informationen weiter, die etwas in uns auslösen, was eine Anregung zum Handeln bewirken kann.

Die sensorischen und motorischen Systeme stellen eine direkte Verbindung mit der Umwelt her. Eine uneingeschränkte Aufrechterhaltung Ihrer Funktion wird gewährleistet, wenn genügend Substrate (wie Nährstoffe, Vitamine, Mineralstoffe, Aminosäuren) für ihren Stoffwechsel zur Verfügung stehen. Gleichzeitig besteht wiederum die Notwendigkeit des Abtransports aller anfallenden End- und Zwischenprodukte des Stoffwechsels. Einlagerungen erfolgen z.b. aufgrund einer Überlastung des Systems, mangelnder Bindungsmöglichkeit und Stoffen, die atypisch für den Organismus wirken, vielfach verbunden mit einer Übersäuerung des Körpers.

Wer sich mit der Ursache und Wirkung von Übersäuerung (PH-Wert) im Organismus beschäftigt, erhält Zusammenhänge bzw. eine Grundlage für einige Symptome bzw. sogenannte Zivilisationskrankheiten.

Physikalische Ebenen

Hier eine kurze Auflistung der bekanntesten Wirkungsbereiche innerhalb dieser Dimension:

- Die Eigenschaft von Materie: Eine Steinmauer ist hart. Kein normaler Mensch wird einfach durch sie hindurchgehen können. Jedes Material weist Eigenschaften auf, die den Menschen Einschränkungen aber auch Hilfsmittel sein können.

- Das Wesen der „Gravitationskräfte" im weitesten Sinne; so einiges davon nennt man Allgemeinbildung. Was auch immer davon beweisbar ist, ist eine andere Sache. Z.B. laufen wir recht fest auf dem Erdboden und schweben mit dem Körper nicht einfach durch die Welt. Wenn uns etwas aus der Hand fällt, gleitet es meist Richtung Boden. Diese Umstände nehmen Einfluß auf unseren Alltag.

- Die in Verbindung stehen mit Zeit und Raum bzw. der Struktur von Raum und Zeit. (Interessante Zusammenhänge kann man in den Forschungen z.b. von Burkhard Christian Ludwig Alexander Heim: „Heims 6-dimensionalem Weltbild" recherchieren.)

Unsere Materie kann gleichzeitig beeinflusst werden, u.a. von Temperatur, Feuer, Wasser, Licht, Farbe, Formen, Energie - auch Gedanken. Die Form hilft uns, leichter etwas einzuordnen, sich zu orientieren. So wird eine Zitrone sicher nicht nach Rosmarin schmecken, oder ein Hase wird nicht wie ein Löwe brüllen. Die Form verrät etwas über das, was ich vor mir habe, bzw. was ich im Laufe des Lebens lernte, damit in Verbindung zu bringen oder darauf konditioniert wurde. Daher kann manchmal hier nicht von einer allgemein gültigen Sicht gesprochen werden. Eine Kultur, zu deren Speiseplan Heuschrecken gehört, wird diesen Insekten anders begegnen als ein Bewohner in Bayern, der sein Lebtag die landestypische Ernährungsweise genießt. Dem Einen dient dieses Tier als Nahrungsquelle, dem Anderen ist es vielleicht mehr ein Plagegeist.

So trägt jeder eine andere „Voreinstellung" in sich (geprägt von dem bisher Erlernten, Gewohnheiten, Erfahrungen), bei ein und dem selben „Objekt", in diesem Beispiel Tier. Die Materie selbst, scheint an verschiedene Gesetze gebunden zu sein; so wird es jedenfalls bisher gelehrt, beobachtet und erfahren. Der Mensch unterliegt in seiner „Hülle" ebenso übergeordneten Kräften. Jeder verfügt über die Möglichkeit - wenn er weiß wie – sich dies auf kluge Weise zunutze zu machen, zu seinem und anderer Wohl.

Beständigkeit

Es ist kurz anzuführen, dass sich unsere Welt in einer wandelbaren Beständigkeit ausdrückt. Meistens sieht morgens alles noch so aus, wie abends, als man zu Bett gegangen ist. Es sei denn, es findet irgendein besonderes Ereignis statt (Erdbeben, Einbruch,...). Gleichzeitig vollzieht sich manchmal ein kleiner oder großer Wandel, siehe z.B. Jahreszeiten, Wachstumsprozeße, Reifungsprozeße,... .

Elemente

Wir sind auf dem Planeten Erde von Elementen umgeben, die ihren eigenen Charakter besitzen: Feuer, Wasser, Luft, Erde und Äther. Bereits alte Kulturen übertrugen diese auf unseren Organismus. In der Chinesischen Medizin werden die Eigenschaften den körperlichen Bereichen zugeordnet, bzw. unsere Systeme weisen diese Eigenschaften auf - abgeleitet in der Bedeutung der Elemente Holz, Metall, Erde, Wasser und Feuer. Diese Elemente müssen im Gleichgewicht, bzw. ausgewogen sein, die Versorgungsbahnen (Meridiane) frei von Blockaden, damit alle Organe und die Energiebahnen selbst von der Lebensenergie versorgt werden. Das nur als grobe Zusammenfassung. Aber auch im Außen ist es wichtig, ein kontrolliertes Feuer zu haben, Wasser, das sich in einer Abgrenzung oder Leitung bewegt.

Jeder weiß um die Auswirkungen von Überschwemmung oder Dürre incl. der verschiedenen Aggregatzustände, wie es sich beispielsweise in Form von Hagel zeigt oder als Dampf. So können wir allen Elementen eine wichtige Aufgabe zuordnen. Ohne diese würden wir nicht so leben, wie wir es tun.

Gesellschaftliche Werte/Strukturen

Die meisten Menschen leben nicht isoliert und sind den aktuellen kulturellen Bereichen gerade als Kind quasi ausgeliefert. Normen, Werte, Religionen, Schulsysteme, Familienstrukturen und Gesetze prägen schon sehr früh die Einstellungen, Glaubenssätze und das Verhalten entsprechend des Lebensstils unseres engsten Umfelds.

Jeder muß gezwungenermaßen lernen, in seiner Umgebung, mit deren Vorstellungen zurechtzukommen. Diese Konditionierungen hinterlassen immer adäquate Spuren in uns, die früher oder später zum Vorschein kommen und wiederum weitergegeben werden..

Naturgesetze

Naturgesetze stehen in engem Zusammenhang mit den biologisch/chemischen und physikalischen Gesetzen: Wirkung von Sonne und Mond, vier Jahreszeiten, Ebbe und Flut. Sie beeinflussen Ruherhythmen, Wachphasen, Schlafzeiten,...

Klang

Töne und Klänge nehmen einen maßgeblichen Einfluß auf unseren Körper. Dazu gehört die Frequenz der Sprache bzw. ebenfalls das einzelne Wort.

In der Musik ist es interessant, wie die Töne über die Hz-Zahl meßbar verschiedene Regionen in unserem Gehirn stimulieren. (Hertz gemessen: 1 Herz (Hz) ist eine Schwingung pro Sekunde. Dazu lohnt es sich nachzuforschen (432 Hz und 528 Hz-frequenz). Je nach Hz-Zahl wird der Zuhörer rationaler, mechanischer, abgestumpfter oder mitfühlender und achtsamer, „menschlicher". Das Wasser – so wurde bereits nachgewiesen

- reagiert z.B. auf die Schwingung der Worte. Je nach Wort bzw. dessen Bedeutung (Liebe, Wut,...) verändert das Wasser seine Kristallstruktur.

Zu bedenken ist, der Mensch besteht aus einem sehr hohen Anteil an Flüssigkeit (Wasser). Daher sollte man sich bewußt machen, womit wir uns beschallen und was wir verbal von uns geben. Jedem Leser, dem das nicht schon bereits bekannt ist, empfehle ich jetzt, weiterzudenken und bei Interesse zu forschen.

Geistige Gesetzmäßigkeiten

Die geistigen Gesetzmäßigkeiten, denen ein Geschöpf sowie die Seele in seinem Körper unterliegt, sind als solche unsichtbar und werden über deren Anwendung sichtbar. Ob das Lebewesen weiß, oder nicht, sie wirken. Bestenfalls ist sich der Mensch – der reine Tor - darüber bewußt.

Diese Gesetzmäßigkeiten zeigen sich in allen Bereichen des Lebens und können demzufolge in allen Bereichen unserer Existenz nutzbar gemacht werden. Der Körper als „Tempel der Seele" kann mit Hilfe dieser Gesetze zum Handwerkszeug der Seele werden. Z.B. „das hermetische Prinzip" von **Ursache und Wirkung**, in seinem Aspekt vom Gesetz der Anziehung, wird Lippen und Ohr, Schüler und Buch zusammenführen.

Diese Gesetze sind z.b. über die Quellen von Hermes Trismegistos nachzulesen, "der dreimal große Hermes", so nannten ihn die Griechen, oder im ägyptischen Gott der Weisheit = Thot. Wer darüber nachliest, erfährt, nicht für jeden wurde dieses Wissen zugänglich gemacht.

Das birgt Gefahr in sich. Je nachdem, wie die Ausrichtung desjenigen ist, der es bewußt anwendet, würde es sich z.b. mit rein egoistischen Absichten ungut auf das Umfeld auswirken. D. h. das eigentliche Problem liegt nicht in dem Wissen an sich, sondern, daß die „falschen Hände" es praktizieren.

So wurden in der Vergangenheit nur auserwählte Menschen in diese Lehren eingeweiht. Jetzt ist die Frage, wer entscheidet, wer auserwählt ist? Wie gesagt, das Wissen wirkt, und viele Menschen wenden es von klein auf eher unbewußt in ihrem Alltag an. Weiterhin benötigt man Einfühlungsvermögen, Einstellung und auch Vorkenntnisse, um mit diesen Überlieferungen überhaupt etwas anfangen zu können.

Weitere Gesetze

„Ich bin eine Sende- und Empfangsstation." Werde ich einen fremden Menschen unangemessen beschimpfen, wird er mich wahrscheinlich entsprechend rau zurechtweisen. So schnell entsteht ein Streit, der sich hochschaukelt. Bin ich wohlwollend, werde ich dies in einer entsprechenden Form erhalten.

Gleichzeitig erachte ich es als nötig, die eigenen Grenzen zu kennen und diese auf gesunde Weise zu vertreten. Das gilt folglich für das Erkennen und die Achtung der Barrieren meines Gegenübers.

Das bedeutet, jeder ist gerufen, auf seine Gedanken und Emotionen zu achten. Oft richtet der Mensch sehr viel Aufmerksamkeit auf etwas, wovor er Angst hat, was er einfach unbedingt vermeiden möchte. So formt sich - wie bei einem Schneeball - der im Kleinen auf einer verschneiten Fläche gerollt wird - eine immer größere Kugel. Schicht um Schicht klebt sich der Schnee an die Kugel. So ähnlich ist das mit unseren Gedanken. Diesen Mechanismus können wir auch für etwas sehr Positives nutzen. Sende ich immerzu Bilder, wie ich gesund und glücklich bin, werden sich die Schichten mit diesen Bildern anreichern und immer sichtbarer im Leben. Daher die Warnung, wenn jemand permanent schlechte Gedanken produziert, auch über seine Mitmenschen, werden sie wieder zu ihm gelangen. Diese Schneekugeln sind in unserem System und wir sind dafür verantwortlich. So ist mein persönliches Ziel, mich dem zu stellen, wovor ich Angst habe, statt nur gedankliche Schneekugeln zu formen, von deren Größe man irgendwann überrollt werden kann. Dieses Vorhaben gelingt mir nicht immer so gut, dennoch erlebe ich es als erbaulicher als die „Lawinenprodukti- on".

Persönliche Gesetze

sind eine Mischung von der Individualität, den familiären sowie kulturellen Prägungen, Glaubenssätzen, der Gesellschaftss- truktur/-erwartung, Leistungsdruck, den körperlichen Kapazitä- ten, seinen eigenen Werten und Erfahrungen. Diese werden irgendwie in die Seelenaufgabe eingewoben. Immer wieder scheinen Menschen eher in einer Art Gespinst dieser Kompo- nenten verwickelt zu sein, was sie hindert, zu Ihren eigenen Möglichkeiten zu gelangen. So manche wirken, an diesen Schnüren geradezu festgehalten. Derartige Netze scheinen Halt zu geben, doch gleichzeitig eben auch eine Fixierung, die weniger zum eignen Potential paßt.

Das heißt, jeder bringt seine ganz eigenen Gaben, Talente mit. Sein Umfeld bietet den Nährboden für deren bestenfalls gute Entwicklung. Doch letztlich liegt es an jedem selbst, d.h. im Training der eigenen Bewußtheit, Mut, dem Willen und der Be- reitschaft, seine Fähigkeit herauszufinden und sie letztlich an- zuwenden.

Was dem Einen leichtfällt, kann für einen Anderen mühsam sein. So hat ein Hase z.B. eine andere Aufgabe als ein Adler. Wie bewege ich mich, nutze ich alle Gaben (Räume), mein Potential, erfülle ich damit mein Leben?.

Sind mir manche Räume/Potentiale/Möglichkeiten verschlossen, bzw. habe ich mich eingeschlossen, oder wo habe ich etwas abgekapselt, wo jage ich unnötig etwas hinterher? Lehne/spalte ich etwas von mir ab? Welche Ausgangssituation bietet mein Körper für diese Inkarnationsaufgabe? Diese Fragen sollte sich jeder in Ruhe am besten selbst beantworten.

Ein Esel wird z.B. kein Schwimmer oder Häuser bauen. Dafür ist er dem Menschen ein treues Lastentier, Begleiter und hat ebenso seine Aufgabe im Tierreich. Übertragen auf den Menschen, bietet jeder Körper verschiedene Ausgangssituationen, die es ihm möglich machen, seine Gaben zu leben, auszubauen, zu entfalten,...

Übergeordnete Gesetze

Es existiert bestimmt einiges, von dem ich nichts weiß. Größere Kräfte erzeugen einen starken Einfluss, wirken über mein bzw. menschliches Verständnis/Wissen oder Vorstellung hinaus. Daher lasse ich diesen Punkt offen für die eigenen Gedanken und Einstellungen.

75

Einfluß nehmen sicherlich Frequenzen, die von anderen Planeten auf uns wirken. Gehe ich davon aus, jeder Planet hat seine Schwingung und in entsprechender Formation bzw. Konstellation, könnte ein Schwingungscocktail entstehen. Solche Frequenzen könnten auf die Erde und seine Bewohner Einfluß nehmen, Gemütslagen verändern, Irritationen auslösen oder auch Emotionen aktivieren bzw. hemmen. Im weitesten Sinn bedeutet das eine Grundlage in der Astrologie.

Der Glaube/ das Bewußtsein

Der Glaube ist etwas Individuelles. Daher gehe ich hier von ihm aus: Es ist eine innere Überzeugung, die wie eine Flamme brennt. Es ist das, was mir im Hier und Jetzt Halt gibt, mein Boden ist, auf dem ich mich bewegen kann. Gewißheit ist Nahrung für den Glauben und gleichzeitig erzeugt dieser wiederum Gewißheit. Das Bewußtsein liefert mir die Beweise, der meinen Glauben rechtfertigt. Das ist meine persönliche Einstellung. Bekanntlich kommen gläubige Menschen mit Krisensituationen besser zurecht.

Das Unsichtbare

Spreche ich vom „Unsichtbaren", wird es oft belächelt. Verständlich, die Meisten können es nicht sehen. Dennoch ist es da und wirkt. Mir fällt hierzu ein Vergleich ein, für alle, die diese Ebene verleugnen.

Meine Tante Rebecca - eine fiktive Tante - (und sollte sich eine Rebecca oder ein Wissenschaftler unter den Lesern befinden, so fühlen Sie sich bitte nicht persönlich angesprochen) ist Hausfrau und mit einem anerkannten Wissenschaftler verheiratet. Sie erzählte folgendes: „Ich backe keine Kuchen mehr." Auf die Frage „Wieso denn nicht?", gab sie folgende Antwort: „Nun, ich möchte weniger Zucker essen und der Bäcker nebenan fertigt wunderbare Kuchen, dort kaufe ich mir jetzt jeden Tag ein Stück. Weißt Du, diese Kuchen haben keinen Zucker! Ich habe in diesem Kuchen noch keinen Zucker gesehen. Mein Mann sagt immer, alles was Du nicht siehst oder/und messen kannst, existiert nicht. Und tatsächlich, ich habe auch noch keinen Zucker in all den Kuchenstücken vom Bäcker mit meiner Haushaltswaage messen können. Daher ist bestimmt auch kein Zucker darin."

Meiner Meinung nach trifft diese Denkweise im übertragenen Sinn auf die Bereiche des Feinstofflichen zu. Ich finde, viele

Menschen belügen sich selbst, wenn sie die unsichtbare Welt verleugnen. Das Motiv dieser Negierung könnte Angst, Bequemlichkeit, Verantwortungsablehnung, übernommene Meinung eines Anderen sein. Der Mensch hat vielleicht auch verlernt, sich auf seine eigenen Sinne zu verlassen. Diese Gründe kann ich nur vermuten, doch irgendeine Ursache hat diese Einstellung. Vielleicht können Sie diese Frage besser beantworten.

Neben dem Wetter, fallen Ihnen sicherlich noch weitere stark einflußnehmende Faktoren ein. Die Liste ist daher noch erweiterbar.

Mein Fazit:

Vieles, was „unsichtbar" scheint, durchzieht letztlich einen Teil der Materie: Unsere Gedanken z.B. sind unsichtbar, doch was ist mit Telepathie, Telekinese, Teleportation? Was ist mit der Vorahnung wenn ein geliebter Mensch plötzlich stirbt?

Ich bin davon überzeugt, es existiert mehr als das, was unsere klassischen Schulsysteme, Wissenschaft,... uns bisher vermittelten.

6. Menschheit als „Mosaikbild"

Isolation ist Illusion

1.) Die Auswirkungen unseres Handelns, der Gedanken, unserer Einstellungen werden mit der Zeit sichtbar.

Erzeugen wir Streß, z.B. Hetze, Eile, permanent abwertende Gedanken, und ordnen wir uns diesen unter, zieht das Konsequenzen nach sich, die sich mitunter auf unser Umfeld übertragen. Genauso stecken positive Gefühle an, wie Freude und Dankbarkeit für schönen Momenten, incl. entsprechend guter Konsequenzen auf unser Umfeld. Jeder erzeugt auf diese Weise sowohl wachsende als auch übertragbare Prozesse.

2.) Es gibt Einflüsse, deren Konsequenzen sind sofort und/oder längerfristig spürbar/sichtbar. Beispiele sind hier Medikamente, Drogen, Alkohol, sie bewirken Erlebnisse, die die inneren Systeme verändern, was wiederum Auswirkungen auf psychische und physische Bereiche nach sich zieht (z.B. Hormonveränderungen, Abhängigkeitsreaktionen, Launenhaftigkeit, ...).

Auch ein Übermaß an Genußmitteln oder Gewohnheiten läßt entsprechende Folgen sichtbar werden.

Schneeballeffekt – Gedanken formen Materie

Es heißt so schön: „Die Materie folgt dem Geist".

Sind wir unserer Gedanken bewußt und entspricht das, was ich gerade denke, fühle,... wirklich meinem Wesen, meiner Einstellung. Ist das mein Gedanke oder eine angenommene Überzeugung, bzw. Programmierung oder Bewertung.

Ein Haus ist materiell von uns als Mensch bewohnt. Bin ich es, der da herum randaliert, oder meint ein Gast sich zerstörerisch verhalten zu müssen? Halte ich mein Haus sauber - fühle ich mich wohl?

Hier wieder der Vergleich zum Körper: Dieser ist materiell und gleichzeitig von unserer Seele bewohnt. Bin ich es, der mir jetzt Schaden zufügt, oder lasse ich es zu, dass mich gerade jemand Anderes schädigt?

Halte ich meine Gedanken sauber und entscheide mich dem nachzugehen, was mir wirklich gut tut?

Jeder anhaltende Lebensstil wird nach einer gewissen Zeit für Andere materiell sichtbar. Es ist daher immer ratsam, sich von Zeit zu Zeit zu hinterfragen und sein Lebenskonzept zu überprüfen, zu „eichen", zu warten, d.h. sich mit einer freundlichen Ehrlichkeit betrachten.

7. Der permanente Prozeß zwischen Körper und Seele

Folgende Beschreibung soll verdeutlichen, daß das, was in ein paar Sekunden in uns abläuft, meist unbewußt ist. Dieser Vorgang geschieht mehrfach täglich.

7.1) Aufnehmen

Unsere Sinne sind Meister darin. Der Mensch kann essen, trinken, Düfte wahrnehmen, verschiedene Geschmacksrichtungen aufnehmen. Er ist in der Lage sich etwas zu merken und zu formen, zu reproduzieren aus dieser Erinnerung heraus. Er kann Stöße und Druck wahrnehmen, Farben, Geräusche. Das alles auch kombiniert, wie an einer Blume riechen: man sieht sie, hält sie vielleicht noch in den Händen, kann so die Oberfläche erfühlen. Mancher kann sie aus der Erinnerung nachzeichnen.

Unsere Sinn öffnen uns den Kontakt zur Außenwelt.

7.2)   Wahrnehmen/Erkennen

Habe ich nun die Eindrücke über Fühlen, Empfindung, Spüren u.a. aufgenommen, kann ich etwas erkennen. Das Erkennen beruht auf der Verknüpfung der Ereignisse des Moments mit meiner Erfahrung bzw. gesammeltem Wissen, das ich erlernte. Ich nehme beispielsweise den Geruch der Blume wahr und erkenne, es ist eine Rose. Die Zuordnung erfolgt hier auf der Grundlage meiner Erfahrung, die ich über den Duft mit Rosen bereits machte. Um diese Verbindungen herzustellen, arbeiten Herz und Hirn mit dem ganzen Körper zusammen.

7.3)   Reagieren

Ist die Verbindung erfolgt, und ich habe die Erfahrung eingeordnet, kann ich entscheiden, wie ich nun reagieren will. Diese Reaktion bringt unsere „Einstellung" zum Vorschein. Die Reaktion zeigt, was unsere Seele zum Ausdruck bringen möchte.

Ich gehe vielleicht mit meiner Nase näher an die Blüte, atme nochmals den aromatischen Duft ein und sage dann zu meinem Gegenüber: „Diese Rose schenke ich Dir."

7.4) Erneuern/Transformieren/Integrieren /Ausscheiden

Nun beginnt die Verarbeitung, wie bei der Nahrungsaufnahme. (Wenn ich etwas esse, nimmt mein Körper Licht und Inhaltsstoffe davon auf, baut diese in die Zellen ein und Unnötiges wird ausgeschieden.) Ich habe gesehen, mein Gegenüber freut sich so sehr über diese Rose. Diese Freude beglückt auch mich. Gleichzeitig habe ich noch immer den betörenden Duft in der Nase. Ich fühle mich wohl in so einem Moment des Glücks. Das setzt Glückshormone frei, die sich positiv auf meine Zellen auswirken. Dieser Moment wird sich - je nachdem, woran wir uns erinnern möchten - in meiner Erinnerung als auch in die des Anderen integrieren.

8. Epochales Spiegelbild der Gesellschaft

Zuvor hole ich noch etwas aus. Die Bedeutung dieser Überlegung bietet Rückschlüsse, wie der Mensch mit seinem Umfeld umgeht. Beginnen wir mit einem Hausbau, treffen wir zuerst die Grundstückswahl: Der Focus liegt im Außen. Wo wird gebaut? In einer intakten Gegend? Möchte jemand in gesunder und schöner Natur leben, darf der Mensch für seine Umgebung sorgen, sie achten und sich entsprechend verhalten. Das heißt übersetzt, achten wir darauf, wo wir uns mit wem umgeben, später folgt die Einrichtung und wie ich mir meine Wohnmöglichkeit gestalte. Z.B. Sind die Möbel voller synthetischer Stoffe, oder achte ich auf die Natürlichkeit in der Einrichtung. In dieser Phase befindet sich der Fokus vermehrt nach innen gerichtet und äußere Einflüsse (Mode, Trend, Erbstücke, Gewohnheiten) zeigen sich in meinen Entscheidungen.

Es folgen jetzt ein paar Vergleiche, um die Beziehung zu unserem Körper zu veranschaulichen. In diesem „Modell" verbinde ich den Hausbau mit unserem Energiewirbel, den Chakren und ihren Bedeutungen, die mit unserem Körper in Verbindung stehen. Hier nur kurz zusammengefaßt: Ein aus der östlichen Kultur geprägtes Modell von feinstofflichen Energiezentren, die je nach Position in lokaler Verbindung zum physischen Körper stehen, d.h. zu den Organen, deren Funktionen, ebenso entsprechend der zugehörigen Emotionen etc. Es heißt es würden sieben Hauptchakren existieren. Sie führen etwa senkrecht der Mittelachse der Wirbelsäule entlang. Über das Chakren-Modell gibt es reichlich Literatur, daher führe ich es hier nicht weiter aus. Die beiden Komponenten: Haus und Stockwerke mit Körper und Chakren bieten sich an, lediglich einen Gedankengang zu verdeutlichen. Es gäbe noch andere Vergleiche, es geht letztlich um die Essenz der Überlegung, unabhängig davon, ob Chakren tatsächlich existieren. Nehmen wir einmal an, ein Haus mit all den verschiedenen Geschossen und Räumen wird den unterschiedlichen Aufgaben der Chakren zugeordnet. Jede Zone im Körper arbeitet mit den entsprechenden Organen und jedes Organ hat seine Aufgabe. Ist das eine blockiert, hat diese Störung Auswirkung auf etwas Anderes.

(Es ist nur eine Überlegung, nach dem Motto, wie im Kleinen so im Großen, wie hat sich die Lebenseinstellung des Menschen verändert). Parallel stelle ich eine Verbindung zu früher her, im Vergleich zur heutigen Nutzung unserer Wohnräume. Einige der Veränderungen sind der Wandlung sind des Lebensstiels geschuldet, der Familienstrukturen und der Technisierung. Haus und Hof mit eigenem Anbau und einer Großfamilie, in der jeder seine Aufgaben hat, sind heute nur noch selten anzutreffen.

Symbolische Parallelitäten

Körperliche Zuordnung Bezug auf:

Bezug auf 1./2. Chakra - Bedeutung für Wurzeln im Leben, Stabilität, Selbstwert, Sinnlichkeit, betrifft die unteren Organe des Körpers

Übertragung auf das Haus

entspricht der Kellerebene, teilweise Eingangsbereiche

Heute

Keller Verwendung für Partykeller, Sauna, Musikräume, Hobbyraum, Abstellraum, teilweise nicht vorhanden oder als Parkhaus ausgebaut. Ausbau und Vermietung an Studenten, WG oder Kinderzimmer, Gästezimmer. Häufig treten in Neubauten Schimmelprobleme auf. Bereiche genutzt für Heizungsanlagen, etc.

Eingangsbereich sehr offen, großzügig, dennoch kompakt, manchmal ohne Flur. Gleich in der Wohnung befindend.

Früher

Verwendung für Vorrat & Eingemachtes, Schutz/ Versteck, Lager, Werkstatt Der Keller war das tragende Fundament des Hauses und eher kühl mit offenporigen Wänden (Kalk, Lehmputz, Bruchstein). Eher unheimliche Atmosphäre

Körperliche Zuordnung Bezug auf:

3./4. Chakra - Bedeutung für Lebenskraft, Liebe, Mitgefühl, Selbstvertrauen, Willenskraft betrifft ca. die Organbereiche ab Nabel bis Herzhöhe

Übertragung auf das Haus

entspricht Wohnräumen Küche, Schlafzimmer, Wohnzimmer

Heute

Verwendung für Gemeinschaft, mit dem Sinn: Vorzeigeräume, vorhanglos - offen gehalten, schöne Optik, Prestige,... die Fenster offen, manchmal so große Glasfronten wie Schaufenster, Wohnküchen, Einrichtung nach Trend (=vielfach wenig beständig und belastbar) Gegenstände aus verschiedenen Kulturen. In diesen Bereichen findet sich oft das Bad. Hausplanung individuell möglich nur innerhalb der gesetzlichen und aktuellen Bedingungen.

Früher

Nach Gegebenheiten und Notwendigkeiten orientiert. Raum: für Gemeinschaft, heizbar & warm, des gemeinsamen Essens & zur Arbeit, alles eher praktisch gehalten, z.B.: Lebensmittelkonservierung, Einrichtungen traditionell solide & stabil: überdauerte Generationen, viel aus eigener Herstellung, nachhaltig. Zimmer verwinkelt, kleiner. Fenster geschützt durch Vorhängen, Fensterläden, Übergardinen,....

Körperliche Zuordnung Bezug auf:

5. Chakra - Bedeutung für Kommunikation - betrifft etwa die Organbereiche von Hals und Mund), über den Bereich kann alles verbal
zum Ausdruck gebracht werden.

Übertragung auf das Haus

Entspricht der Ebene des Treppenhauses (Bindeglied von oben nach
unten), Flure

Heute

In Wohnräume integriert oder auch eng mit Wendeltreppe. In „Mehrfamilienhäusern" vorwiegend große Treppenhäuser, offen, viel aus
Stein, große Fenster, Beton, kühl wirkend. Offene Treppenstufen

Früher

Eng, klein, schmal, Holzstufen, Stiegen gerade gehalten, manchmal
uneben. In „Mehrfamilienhäusern" (z.B. Jugendstilbauwerke) größer,
regelmäßige Pflege des Bodens mit Bohnerwachs, zwischen den einzelnen Etagen (auf der Zwischenebene) die WC-Räume, konnten
düster wirken (Holzverschalung oder Ölfarbe und schlechte Beleuchtung). Geschlossene Treppenstufen

Körperliche Zuordnung Bezug auf:

6./7. Chakra - steht für Anbindung an Geistiges, Phantasie, höhere Bewußtseinszustände, Weisheit, Erkenntnis - die Organbereiche ab Augen & gesamte Kopfbereich

Übertragung auf das Haus

Entspricht den oberen Räumen, dem Dachgeschoß

Heute

gerne als Gäste-zimmer, Hobbyraum, Luxus, Kinderzimmer, Abstellraum, gut isoliert, größere Fenster, Flachdächer möglich

Früher

Abstellraum, Bedienstetenzimmer, Speicher für Lagerung & zum Trockenen der Wäsche oder von Lebensmitteln, zweckerfüllend, gut durchlüftet, manchmal zugig, kleine Fenster. Giebeldächer

Anhand der Bilder ist es vielleicht ganz interessant, wohin der Mensch seinen Fokus im Haus richtet - im Vergleich mit dem Körper. Wo hält man sich gerne auf? Wo sind die Schwerpunkte? Was ist vielleicht übertrieben und ungesund...?

Welche Räume verschließt man selbst in seiner Seele?

Welche Räume dürfen aufgeräumt werden?

Welche Räume könnten mehr Aufmerksamkeit bekommen?

Wo erfüllt der Raum nicht das, was er könnte?

Vielleicht hat auch alles gerade so seine Ordnung und seinen Platz, der in der momentanen Situation gerade gut ist?

Wohin lege ich meine Kraft und Ausrichtung?

Achte ich innerhalb aller Ebenen auf Ausgewogenheit und entsprechende Verwendung, wo ich leben, mich aufhalten und wirken möchte. Das würde dann folglich bedeuten: Alle Chakren sind im Ausgleich. Das heißt natürlich - je nach finanziellen Möglichkeiten bzw. Aufwendungen - kann ein Musikzimmer sehr wichtig für den Ausdruck der Lebensaufgabe und Freude des Einzelnen sein. Es geht hier wieder nur um Extreme. Die Veranschaulichung soll keine Wertung enthalten, sondern einfach etwas versinnbildlichen, was ich oft erlebt habe.

Körper als Werkzeug

Es folgen nun ein paar Impulse zum Nachdenken:

Der Körper ist unbezahlbar.

Die individuelle Geisteshaltung nimmt Einfluß auf Gesundheit bzw. Krankheit

Der Bezug zum Körper steht im Zusammenhang mit dem Bezug zur Natur.

Der Körper ist einzigartig.

Spiritualität geht nur durch den Körper.

Heute hat in der Gesellschaft der Körper einfach nur zu funktionieren und dient als Ersatzteillager.

Der Ruf zur Verantwortung – Ein Körper verpflichtet

Man hat etwas:

das man sein Eigentum nennt

das man pflegen kann

das man versorgen kann

wohin man heimkehren kann

wo man sich auskennt

was man sich aussucht

wo man gerne ist

was man mag

was man wertschätzt

was man „instand" hält

wofür man Verantwortung trägt

worauf man aufpassen darf

das man verändern kann

das man sich auf einer Ebene so gestalten kann, wie man es
gerne hätte

das seinen Platz hat

das man sauber halten darf

das Schutz gewährt

das Raum zur Entfaltung gibt

Suche nach einer Definition

Der Körper - Was ist der Körper? Eine Hülle?

In Psalm 23 finden wir: „...Im Haus des Herrn darf ich wohnen für lange Zeit." Das soll heißen: ein Werkzeug, eine Schachtel, ein Gefäß, ein Notizbuch, ein Safe... . Der Körper als Anhäufung sich selbst regulierender Zellstrukturen, dessen Batterie zur Aufrechterhaltung aller Systeme die Seele ist.

9. Das Wunderwerk Körper

Beginnen möchte ich mit einem kleinen und kurzen gedanklichen Experiment: Dazu bitte ich den Leser um folgende Vorstellung: Stellen Sie sich einen Ytongklotz vor, mit einer Größe von so ca. 20 kg Gewicht. Nehmen wir an, Sie lupfen diesen Stein hoch - und heben ihn. Wie lange könnten Sie ihn so halten und mit sich herumtragen, ohne daß er Ihnen auf Dauer zu schwer wird und Sie ihn wieder absetzen?

Nun fragen sich manche, was hat das mit dem Thema zu tun?

Erstens: Aus Steinen werden meistens Häuser gebaut. Dies ist allerdings nicht die Lösung.

Zweitens: Überlegen Sie, wie viel Sie wiegen – was ist Ihr Körpergewicht? Das bedeutet, Sie tragen am Tag dieses Gewicht und mehr ständig mit sich herum. Sie bewegen diese Masse permanent, obwohl der Stein nur ein Bruchteil Ihrer Körpermasse ist. Ich finde diese Leistung erstaunlich. Jeder von uns trägt und bewegt täglich mehr oder weniger Kilos durch die Welt, meist unbewußt!

Bei dieser Überlegung stellte ich mir die Fragen: Wer macht das? Wer bewegt uns? Wie geschieht das? Diese Fragen fand ich sehr interessant. Und dann kamen mir all die anderen Vorgänge im menschlichen Körper in den Sinn, die ich hier kurz mit Zahlen aus dem Jahr 2014 benenne. So können wir unsere Körperleistung besser ins Bewußtsein rufen:

Wir haben einen Bewegungsapparat, in dem 639 Muskeln bewusst und unbewusst nutzbar sind.

Sinnessysteme, die permanent unser Umfeld registrieren.

Organtätigkeiten (das Herz des Erwachsenen schlägt etwa 70 mal pro Minute).

Atmung (Die Zahl der Atemzüge etwa 16 pro Minute).

Verdauungsapparat: (ein Durchschnitts-Europäer verzehrte in 70 Jahren folgende Mengen: 30 Tonnen Kartoffeln, 25 Tonnen Brot, 18 Tonnen Fleischwaren, 15 Tonnen Gemüse, 10 Tonnen Früchte, 5 Tonnen Fisch, 25 000 Liter verschiedene Getränke (Milch, Bier usw.) 160 kg Schokolade, 7300 Eier, 84 kg Salz.)

Ist das nicht erstaunlich, sieht man diese Zahlen? Damit offenbart sich in meinen Augen ein Wunderwerk!

Wie kann das geschehen?

Sicherlich kann man sagen, dies sind alles biochemische Vorgänge. Doch wer erhält sie aufrecht? Wie geschieht das?

Auf der Suche nach einer Antwort kam folgende Idee auf. Dieser Einfall bietet einen Ansatz, um etwas Komplexes vereinfacht zu veranschaulichen:

Stellen wir uns ein Stofftier vor, besser noch eine Handspielpuppe. Ich nehme als Beispiel einen Hasen – weiß, kuscheliges Fell, typisch lange Ohren, freundliches Gesicht, ein klassischer Hase.

Der Hase kann recht lebendig wirken, wenn er sich scheinbar mit Hilfe meiner Hand bewegen kann. Je nachdem, wie real diese Handspielpuppe in Form eines Hasen genäht ist, kann der Betrachter leicht annehmen: das ist ein echter Hase.

Ziehe ich wieder die Hand aus dem Stofftier, würde er einfach regungslos daliegen. Er sieht immer noch nett aus - vielleicht etwas eingefallener bzw. dünner - , ist aber nicht wirklich interessant und wirkt nicht mehr lebendig.

Dieses Langohr ist hierfür nur ein Symbol für etwas Wichtiges. So nehmen wir an, die Handspielpuppe in Form eines Hasen drückt meinen Körper aus und meine Hand entspricht meiner Seele. Nur durch diese kann der Körper lebendig wirken.

Auf der anderen Seite: Würde ich nur mit meiner Hand ohne den Hasen als Hülle Bewegungen machen, die ich in dem Beispiel mit der Handspielpuppe machte, wären die Bewegungen mit der bloßen Hand nicht wirklich interessant, geschweige denn nett. Es würde sich weder jemand erfreuen noch verstehen, was ich mit meiner Hand für komische Bewegungen mache, wenn sie denn Beachtung finden würde.

Doch wird ein Körper „beseelt", d.h. ich stecke die Hand in Meister Lampe als Handspielpuppe, dann erhält dieses Stofftier auf einmal seine Lebendigkeit.

Eine Seele kann das in diesem physischen Körper bewirken. Er, der Mensch, d.h. die unsichtbare Innerlichkeit mit Körper, kann wie die Handspielpuppe seine Mitmenschen erfreuen, je nachdem, was er tut, wie er sich (v)erhält. So kann eine Seele mit ihrem Körper durch die Welt gehen und die Dinge tun, für die ein Lebewesen hier auf die Erde gekommen ist.

Ein sich wandelnder Organismus

Forscht man im Internet und anderer Literatur zum Thema Körper, stößt man schnell auf ein paar Zahlen. Hier Beispiele aus
den allgemein zugänglichen Eckdaten. Die chemischen Elemente bilden im erwachsenen Organismus verschiedene Verbindungen, organische und anorganische, die in Prozent ausgedrückt wie folgt vertreten sind:

Wasser ca. 60–70 %, bei Säuglingen bis zu 75 %,

Kohlenhydrate ca. 0,6 %, Eiweiß ca. 15 %, Fett ca. 10 %

Mineralsalze ca. 5 %

Ein Erwachsener von 70 kg Körpermasse besteht demnach
aus ca. 46 Liter Wasser, ca. 12 kg Eiweiß, ca. 7,5 kg Fett, ca.
0,7 kg Zucker und ca. 3,8 kg verschiedener Salze.

Bei meiner Suche nach Informationen sind mir viele Zahlen begegnet. Ich kann sie nicht überprüfen, aber es lohnt sich folgenden Fragen nachzugehen. Was schätzen Sie, wie viel Billionen Bakterien jeder Mensch beherbergt, wie viele davon befinden sich in einer von uns als „sauber" bezeichneten Hand?

Aus wie viel Billionen Zellen besteht der erwachsene menschliche Körper?

Wieviel neue Zellen werden pro Stunde gebildet?

Wie lange „leben" rote Blutkörperchen, Schleimhautzellen z.B. vom Dünndarm?

Eine Angabe aus dem Zahlenmeer des Körpers fand ich besonders erwähnenswert: Laut verschiedener Quellen werden pro Stunde etwa 1 Million neue Zellen gebildet. Das klingt für mich nach einem Wunderwerk. Mit dieser Zahl wurde mir bewußt, was für ein erstaunliches Regenerationspotential unser Körper aufweist. In diesem Zusammenhang fand ich es nicht so abwegig, wie in der Bibel und anderen Büchern zu lesen ist, daß es Menschen gab, die sehr viel älter wurden als wir heute.

Wie es heißt, dauerte vor noch ein paar hundert Jahren ein Erdenleben ca. 40/50 Jahre. Und heute ist das Alter von 80 Jahren recht häufig und fast schon normal geworden.

Sicherlich ist es mir nicht möglich, eine Entwicklung zu beschreiben. Unabhängig davon finde ich es faszinierend, welche Veränderung der Körper in der Menschheitsgeschichte vollzogen hat und was er alles selbstständig ohne unser bewußtes Zutun leistet. Diese Zellerneuerung beeindruckt mich daher sehr - wie gesagt, pro Stunde etwa 1 Million neue Zellen.

10. Bewußtheit hält Gleichgewicht

Wie gelange ich leicht in meine Mitte? Wie kann ich mich als „Ganzes" fühlen? Hierzu ein paar Möglichkeiten, um in sein Gleichgewicht zu gelangen:

In der Natur laufen oder dort meditieren. Die Natur ist eine Tankstelle. Sie hilft bei Regenerationsprozessen, besonders Waldluft, bestenfalls barfuß; bewußtes Ein- und Ausatmen, Wahrnehmung von Düften. Der Kontakt mit Tieren öffnet das Herz und holt unsere Aufmerksamkeit in den gegenwärtigen Moment. Ruhe und Stille ist die Basis, um immer mehr nach Innen zu sich selbst zu finden, d.h. die Nutzung technischer Geräte unterbrechen und eine Verabredung mit sich selbst einhalten. Übernehme ich Verantwortung für meinen Körper, übernehme ich Verantwortung für die Natur.

Alte Kulturen weisen darauf hin, daß zwei „Kräfte" hier auf der Erde existieren, die männliche und weibliche Kraft (Yin/Yang). Sie sind vielleicht besser ausgedrückt als Zustände im Übergang. Wie Sonnenauf- und Sonnenuntergang. Beide benötigen sich, um sich zum Ausdruck zu bringen. Vereint und im Gleichgewicht können sie etwas Neues schaffen. Im Gleichgewicht erhalten sie sich gegenseitig.

Es sind grundlegende Qualitäten hier auf der Erde.

Yin: wird der Dunkelheit zugeordnet, in Australien wird z.B. diese Qualität mit Tagesende und Ende der Nacht in Bezug gesetzt.

Yang: wird dem Licht wird zugeordnet, auch hier in Australien als Tagesbeginn und Beginn der Nacht.

Bei der weitverbreiteten „nur Sonne und Mond" - Zuordnung, geht es um „entweder oder".

Gehe ich von Übergängen aus, gilt das „Sowohl als auch" und daß sich beide einander bedingen und benötigen. Ist alles ausgeglichen, stehen beide auf gleicher Höhe. Weder das Eine ist besser noch das Andere. So treffen sich alle Welten.

Das soll aber nicht heißen, aus allem einen „Brei" zu machen. Entscheidungen sind wichtig für den Menschen: ja oder nein. Tut mir etwas gut oder nicht. Was wählt mein freier Wille aus. Das Vereinheitlichen steht daher nicht mit dem Übergangsmodell in Zusammenhang und ist auch nicht damit gemeint. Alles hat seinen Platz, seine Eigenschaft, seine Ordnung.

Das gilt auch für Körper und Geist/Seele

In der Welt zählt weder nur Körper noch nur Seele allein. Auf der Erde geht es nur im Miteinander und Ausgleich.

Bei allem, was wir tun, ist es wichtig, ein Gleichgewicht bzw. eine Ausgewogenheit zu finden.

Von Bedeutung ist es, dem was gerade „jetzt" ist, den Raum zu geben und die ganze Bewußtheit unseres Seins in uns lebendig wahrzunehmen und zu halten. Die Natur zeigt es uns immer wieder, was das bedeutet. Tiere sind mit ihrer Präsenz genau da, wo ihr Körper ist. Eine Katze liest nicht nebenher Zeitung (wenn sie denn lesen könnte) und füttert ihren Nachwuchs. Sind wir mit unserem Geist in Bewußtheit im gegenwärtigen Moment, sind wir in der Lage, aufgrund unserer 100%igen Präsenz, eine größere Wahrnehmung aufrechtzuerhalten. Wir müssen uns nicht ständig zwischen etwas entscheiden, was wir tun. Nein, wir sind einfach da, im Sowohl-als-auch, mit dem, was wir gerade als Aufgabe haben.

Mit einem derartigen Umgang hält der Mensch innerhalb eines natürlichen Systems seine Lebenskraft stabiler.

11. Die Seele

Schließlich drängt sich noch die Frage auf: Was ist die Seele?

Über diese Grundfrage haben sich bekanntlich Meister, Gelehrte, Wissenschaftler fast den Kopf zerbrochen. Daher werde ich derartige Modelle nicht beleuchten.

Die Beschaffenheit der Seele kann ich nicht benennen. Sie ist für mich nicht in Atomen, Teilchen,... zu messen, doch nimmt sie Einfluß auf diese. Mir hilft bei der Klärung noch einmal die Handspielpuppe, unser kleiner weiße Hase. Die Hand haben wir mit unserer Seele verglichen.

An unserer Hand ist in der Regel ein Arm. Er ist die Verbindung zu einem großen Körper, dieser Körper steuert unsere Hand. Der menschliche Körper hat normalerweise von Geburt aus zwei Hände. Er sorgt dafür, dass die Hand da ist, wo der Kopf (Geist), das Herz es bestimmt – der Wille des Menschen es möchte. Diese Hand besteht in einer permanenten Verbindung zum Körper. Der Hand ist das nicht bewußt, doch ist diese Verbindung vorhanden.

Sicherlich ist dieses Beispiel nur ein Versuch, einen komplexen und doch natürlichen Zustand zu beschreiben. Der Mensch hat einen freien Willen und kann sich selbständiger ausdrücken als in dem Hasen-Handspielpuppen-Vergleich.

Gewiß ist aber, unsere Seele lebt als ein Teil von etwas viel Größerem, was wir erkennen können, wenn wir uns öffnen und das Ganze ansehen.

Daraus entsteht Erkenntnis, manche sagen Glaube, ich würde eher sagen Gewißheit. Ja, ich glaube an eine größere Kraft, Gott, eine Quelle und die Verbindung mit ihr. Ich glaube auch, der Mensch hat sein Potential – seine wahre Natur - noch nicht erkannt, d.h. was er wirklich ist. Er richtet im Alltag zu sehr den Fokus auf seine Handspielpuppe – nur das vordergründig Sichtbare - und blendet eine Verbindung zu etwas Unfaßbarem aus.

Systeme im Außen prägten und förderten diese Art der „Entkoppelung". Das geschieht schon in jungen Jahren und wird von Generation zu Generation verstärkt weitergeben. Wenn heute jemand sagt, er glaubt an Gott, wird dieser zuerst beäugt, ob der Bekennende nicht einer Sekte angehört oder gar ein Spinner ist. Früher gehörten Dankgebete für das Essen/Hilfe... zur Normalität und wurden geschlossen von den Familien, der Gesellschaft, gepflegt.

In der Kunst findet es in verschiedenen Epochen seinen ästhetischen Ausdruck. Ein Glaube erzeugt Vertrauen und Hoffnung. Er ist daher ein Anker und Halt, in dem wir schwere Zeiten besser überstehen können, über mehr Kraft zum „Sorgen tragen" verfügen, und im Vertrauen auf eine Hoffnung für bessere Zeiten sind. Glaube ich an einen wohlwollenden Gott, weiß ich: „Für mich wird gesorgt". Das beinhaltet gleichzeitig: „Ich trage die volle Verantwortung, auf bestmögliche Weise meinen Teil zu leisten."

Was ist nun „mein Teil"? Die Frage kann ich für mich beantworten und Sie, lieber Leser, auch nur für sich. Ich habe keine Erwartung an Sie – das steht mir nicht zu. Ich habe nur die Ausrichtung, das Beste, was mir möglich ist, für diese Welt beizutragen. Wohl wissend, manchmal erscheint eine Entscheidung als „Fehler". In solchen Situation ist immer zu fragen, aus welchen Motiven heraus, habe ich eine Entscheidung getroffen und gehandelt. Wenn meine Absichten rein sind bzw. waren, kann es keine „Fehler" (im Sinne der Schuldfrage) geben. Es erscheint vielleicht so, weil ich etwas noch nicht verstanden habe. Geschieht ein Fehler trotz bester Absicht und all meinem Bemühungen und Können, geht es darum um zu verstehen. Auch wenn ein „Fehler" manchmal schwierige Situationen auslöst, liegt es vielleicht daran, eine verborgene Lernaufgabe darin erkennen zu können und an ihr zu wachsen.

Wenn jemand keinen Glauben hat, kann für so ein Denkmodell auch keine Seele existieren. Für denjenigen, der das vertritt, ist das Lesen solcher Texte vielleicht Zeitverschwendung und sinnlos. Es liegt mir fern, Diskussionen zu entfachen oder eine Bekehrung vorzunehmen. Wir können nur zu uns stehen und für uns eintreten, entsprechend dem, was wir erfahren möchten oder erfahren haben.

Es taucht die Frage auf: Der Tod - wo gehen wir dann nach dem Tod hin? Meiner Auffassung nach nirgendwo. Legt ein Mensch seine Hülle/Körper/den kleinen weißen Hasen ab, ist dieses nun hüllenlose Wesen noch da, nur nicht einflußnehmend in der vertrauten Materie. Dieser Vorgang ist vergleichbar mit dem Meer. Wenn sich dort temporär ein Strudel bildet, ist sich dieser am Bewegen, er zeigt eine typische Form und Wirkung auf sein Umfeld. Der Strudel generiert sich aus dem Wasser des Meeres aufgrund bestimmter Umstände. Löst sich dieser Strudel wieder auf, ist er weg und das Meer im normalen Wellengang. Das Wasser, das den Strudel sichtbar machte, ist noch genauso vorhanden, nur wieder eben eingebunden im gesamten Feld des Meers.

Das heißt nicht, wir sind ein Meer oder ein Strudel. Das Beispiel soll nur aufzeigen, dass alles noch vorhanden ist, auch wenn in anderer Form. Manche benennen es mit Dimension, was noch eines zusätzlichen Gedankensprungs bedarf.

So, wie ich das Wesen einer Seele verstehe, bewegt sie sich als eine komplexe Informationsstruktur. Sie entspricht im weitesten Sinne einem energetischen Feld. Je nach Ladung dieser Frequenzen, die übergeordnet als energetische Anreicherung betrachtet werden können, weist sie – letztendlich der Mensch - verschiedene Charaktermerkmale auf.

Jeder kann sich nun mit diesen wichtigen Fragen auf seine eigene Reise begeben und wird ganz gewiß die Antwort in sich finden, wenn er sich ehrlich dafür öffnen möchte.

Viel Freude bei der Selbsterkenntnis.

Kurzer Exkurs - Kopf und Herz

Das Thema Kopf und Herz nimmt in meinen Augen eine Schlüsselrolle ein. Doch werde ich es trotz seiner Bedeutsamkeit kurz benennen. Diesem Komplex allein könnte man viele Bücher widmen.

Manche Bereiche der Psychologie fokussieren sich gerne auf die Kopfebene, z.B. wie kann das Verhalten der Menschen über Konzepte/Modelle/Vorgehensweisen beeinflußt werden. Dazu sind die alten Lerntheorien des Menschen bekannt, vom klassischen Konditionieren, Lernen am Model, bis hin zum Lernen durch Verstärkung. Doch die Psychologie (= nehmen Einfluß über Hirn/Kopf und wirken dadurch als Menschenlenker – so meine Erfahrung) hat noch mehr auf Lager. Die Arbeitsweise des Gehirns ist den Forschern recht bekannt und sie können es sich zunutze machen. Je nachdem, welche Ausrichtung ein Praktiker der psychologischen Werkzeuge verfolgt, kann es entsprechende Auswirkungen nach sich ziehen. Vielen Menschen ist es nicht bewußt, wie sie über diese Ebene lenkbar sind.

Ein zweiter bedeutsamer Aspekt ist die Eigenschaft des Gehirns. Das Gehirn/Kopf ist aufgrund seiner Beschaffenheit in der Lage, elektromagnetische Wellen zu generieren. Es ist wie ein Sender. Gedanken und daraus entstehende Emotionen können Wellen erzeugen, die elektromagnetisch meßbar sind. So existieren z.B. interessante Studien zu den sogenannten Spiegelneuronen. Es lohnt sich dem nachzugehen.

Daß unser Hirn diese Strukturierung hat, kann ein Segen sein (wir erzeugen wohlwollende Gedanken), aber dadurch auch einen großen „wunden Punkt" entstehen lassen.

Wieso? Nun es funktioniert bzw. reagiert mit und durch elektro-magnetische Wellen. Das heißt, das Gehirn ist aufgrund sei-ner Beschaffenheit - wie eine Parabolantenne - gleichzeitig eine Empfangsstation.

In der Vergangenheit bis hin zur Gegenwart existierten Experi-mente, Studien, die damit sehr unschöne Versuche (weniger für das Wohl der Menschen) veranstalteten. Federführend, so heißt es, waren z.b. militärische Bereiche, die Wissenschaft und Bereiche der Industrie. Sie macht(en) sich dieses Wissen/Möglichkeiten mit Hilfe ihrer Methoden zunutze. Auf das Thema „Gedankenkontrolle" will ich aber nicht weiter ein-gehen.

Mein Anliegen ist es in diesem Fall, sich mehr für den Inhalt der eigenen Gedanken zu sensibilisieren. Das ist möglich, in-dem man sich immer wieder folgende Fragen stellt: Sind das meine Gedanken? Entsprechen die Gedanken meiner Einstel-lung, meiner Überzeugung, meiner Wahrnehmung?

Worauf beruhen meine Handlungen: Sind meine Handlungen eher wie unbewußte, gleichbleibende, automatische Reaktio-nen oder sind sie flexibel, bewußt und immer entsprechend dem gegenwärtigen Moment? Wenn wir aus einem Gedanken heraus eine Entscheidung treffen - die z.B. aus einer unerklärbarer Angst, Befürchtung, bis hin zur Panik begründet ist -, kann das Folgen nach sich ziehen, die (nicht nur dem So-denkenden) ungewollt schaden. Daher ist es wichtig, sich seiner Gedanken bewußt zu sein.

Das Herz hingegen kann gleichfalls elektromagnetische Signale senden. Aber es ist nicht auf diese Weise - wie das Hirn - von außen zu beeinflussen, d.h. subtil von Anderen zu steuern. Das Herz hat eine Kraft, Klarheit und Stärke, die leichter zwischen Wahrheit und Lüge unterscheiden kann. Das Gefühl wirkt hier wie ein Dolmetscher.

Es kann sein, daß man diese Verbindung, den bewußten Kontakt, trainieren muß, doch ist er für uns uneingeschränkt vorhanden, vergleichbar mit einem Kompaß. Leider registriert das Herz all die Ängste, Sorgen, deren Ursprung im Kopf sind, und es leidet darunter. Entsprechende Folgen stellen sich mit der Zeit ein, die die Gesundheitszustände schwächen.

Ich würde daher jedem empfehlen, das Herz mit dem Hirn bzw. das Hirn mit dem Herzen „zu verbinden". Der Wille zu diesem Miteinander ist der erste Schritt zu dieser fantastischen und hilfreichen Möglichkeit.

Schlußgedanke

Aufgabe in der Welt als Mosaikstein

Jeder hat auf der Erde eine/seine Aufgabe. Der Eine hat sie gefunden. Der Andere ist noch am Suchen. Wieder ein Anderer erkennt den Weg als seine Aufgabe. Es ist allerdings für die Gesunderhaltung wichtig, dieser „Seelen-Aufgabe" nachzugehen. Wieso? Weil wir hier mit diesem Körper deswegen auf Erden sind. Jeder hat die Ausstattung, so glaube ich, die er benötigt, um das zu leben, was ihm entspricht. - Wenn man ihn nur lassen würde. Unser Körper dient unserer Seele somit als Handwerkszeug. Körper, Geist und Seele darf sich auf der Welt einfinden, mit all den Einflüssen auf dem Planeten umgehen (lernen), von denen wir bereits hörten. Und es ist eine Menge, was auf uns wirkt.

Jeder Mensch kann als „Leuchtturm" zum Wohl der Welt seinen Beitrag leistet. Mit all den Gegebenheiten kann der Mensch selbst Schöpfer werden. Ein Meister seines Lebens zum Wohle für sich und sein Umfeld. Er hat dafür einen freien Willen. Schafft man es bei sich, in seinem eigenen Leben, so kann man auch klarer in seiner Umgebung erkennen und handeln. Dabei ist es manchmal nötig, den Einen oder Anderen seiner Mitmenschen auf etwas hinzuweisen; z.B. wenn er sieht, der Andere nimmt unbewußt Schaden (Bitte nicht mit Missionieren verwechseln, „Besserwisserei" oder andere permanent belehren.). Jeder Mensch sollte seinen freien Willen umsetzen können. Das kann er am besten in aller Bewußtheit und wenn er die Folgen seiner Handlung überschaut.

Wir „können" wieder lernen, auf unser Innerstes zu hören, unsere Intuition. Kein Igel würde auf die Idee kommen, Lockenwickler in seine Stacheln zu drehen. Leider verbiegen sich derzeit viele Menschen, um etwas darzustellen, was sie nicht sind. Wieso? Die Frage kann sich nun jeder beantworten.

Der Mensch darf sich erinnern, sein Hirn mit dem Herzen zu verbinden und einen gesunden Zugang zu seinem Körper zu nutzen und diesen bewußt zu halten. Er darf wieder ein gesundes Selbstvertrauen entwickeln, eine Selbstliebe, die das Gegenüber spüren wird. Ein Mensch, der sich wirklich selbst liebt, kann andere lieben, weil er mit sich im Reinen ist, das heißt, weder sexuelles Handeln noch Verlangen als Liebesbeweis einfordern.

Ein Mensch, der berührt wird von jemandem der die Liebe in seinem Herzen trägt, kann innerlich so berührt werden, daß Tränen fließen. Diese wahre Liebe zeigt sich weder als aufopfernd noch als eigennützig. Sie vermittelt ein Gefühl der Reinheit, das über Freude hinausgeht. Es durchzieht einen die Wahrnehmung von beschützt sein, gleichzeitig einer unendlichen Freiheit. Die Gewißheit „ich bin angenommen, so wie ich bin". Es ist ein Gefühl voller Dankbarkeit, so einen Moment zu erleben, so einen Menschen zu kennen. Es steckt an und heilt innere Wunden und schafft Vertrauen. Ich bin davon überzeugt, jeder Mensch, der das liest, ist in der Lage, seine Antworten und Potentiale zu finden.

Es geht darum, seine Potentiale zuerst zu entdecken (frei zu machen) und diese zu erkennen (wenn ich etwas kenne, kann ich es nutzen). Alles dafür steht jedem Menschen zur Verfügung. Sicherlich kann es Zeiten im Leben geben, in denen man alleine nicht weiterkommt, in denen man Hilfe von „außen" in Anspruch nehmen muß. Doch bei jeder äußeren Unterstützung ist es elementar, daß die Verantwortung immer bei jedem selbst bleibt. Eine wahre Hilfe schließt jegliche Art von Abhängigkeiten aus.

Wir sind Individuen und gleichzeitig Teil einer Gesellschaft. Wir haben eine Eigenverantwortung und tragen zu einem gewissen Teil eine gesellschaftliche Verantwortung. Diese Verantwortung wiegt scheinbar manchmal mehr als Steine. Ich glaube, daher scheuen sich einige Menschen davor.

Doch wie heißt es so schön: „Aus Steinen, die Dir im Weg liegen, kannst Du etwas Schönes bauen." Aufgrund der Bedeutsamkeit widme ich den Schlußgedanken unserer Standfestigkeit. Es ist ein Appell, zu seinem inneren Wesen und den Werten zu stehen. Ganz gleich, welcher Druck von außen auf Sie ausgeübt wird, damit Sie sich verbiegen. All die Verlockungen erkennen und ihnen den Rücken kehren, „Nein" sagen, damit Sie sich abends im Spielgel ansehen können. Ihre Meinung sollte keinem einen Schaden zufügen oder irgendwen nötigen, dies zu tun, auch nicht sich selbst.

Für diese Standfestigkeit wünsche ich jedem die Kraft. Sollten Sie mit Ihrer Überzeugung scheinbar alleine stehen, können Sie sich eigenständig immer wieder von Zeit zu Zeit überprüfen. Sollte sich Ihre Meinung bestätigen, dann bleiben Sie sich bzw. Ihrer Einstellung treu und offen für eine gesunde Entwicklung. Ein Mensch, der weiß wer er ist, verhält sich weder wie ein Fähnchen im Wind, noch wie eine Statue, die angebetet werden will.

Dieser Mensch zeichnet sich aus, aufgrund seiner Standpunkte und bietet damit eine Verlässlichkeit, ein Fundament, auf dem ehrliche Beziehungen entstehen können. Ein Haus, das auf einem soliden Fundament steht, hält auch Stürmen stand.

Ich hoffe, die benannten Aspekte könnten noch mehr Bewusst-heit wachsen lassen bzw. Sie erinnern, was unser Körper/Geist und Seele permanent leistet. Mit diesen Bildern wünsche ich Ihnen ein schönes, erfülltes Leben, machen Sie etwas daraus.

Ihre Seele freut sich und Ihr Körper läßt es Sie spüren. In menschlicher Verbundenheit

Carola Hesselschwerdt

Portal zum Potential - Band II -

„Das Streßkonto"

Vorwort

Nach dem Tod meines Mannes (2021) war ich gezwungen, seine Firma (in der ich angestellt war) zu schließen. Es war die Zeit, in der die Welt auf dem Kopf stand, in der es ein „Entweder Oder" gab. Eine Spaltung in der Gesellschaft. Entweder war man jemand, der all das glaubte, was man in den öffentlichen Medien so zu hören bekam, oder jemand, der jenes hinterfragte. Die Einen fühlten sich geängstigt aufgrund der Panik erzeugenden Informationen, die Anderen aufgrund der Maßnahmen. Die Spaltung der Gesellschaft durchzog Freundschaften bis hin zu Familien. Aus Nahestehenden wurden Feindbilder. Für alle Beteiligten eine Extremsituation, die Spuren hinterließ und teilweise noch derzeit unaufgearbeitet bzw. unterdrückt im Einzelnen schwelt.

Die meisten Arbeitsstätten richteten sich nach den Vorgaben und „Empfehlungen". Wer nicht mitmachte, mußte Bußgelder bezahlen, dem wurden behördliche Sanktionen auferlegt; man war schnell seine Arbeit los oder wurde in „homeoffice" geschickt. Viele Firmen waren verunsichert, und die Kurzarbeit gehörte zum Alltag. Da hatte man nicht so leicht die Möglichkeit eines Berufswechsels bzw. Arbeitsplatzwechsels. Angst, Einsamkeit, Ausgrenzung, Schreck, Sorge, Ärger, Verunsicherung lösten bei vielen auf seine Weise ein hohes Streßlevel aus.

„Wie geht es jetzt weiter?" „Was machst Du jetzt?" Das waren täglich Fragen von Nachbarn, Bekannten. Die Notwendigkeit neben meiner Trauer, für mich eine neue berufliche Zukunft zu planen, war anscheinend unmöglich. Dieses Vorhaben war ein Unterfangen, das ich selbst in all den Jahren zuvor in der „Normalität" kaum wirklich schaffte.

Jede Station in meinem Leben beinhaltete eine Lektion. Dann gab es eine 90- oder 180- Gradwendung bis zur nächsten Lektion. All die Lektionen füllten meine Erfahrungen mit verschiedensten Streßsituationen, besser bezeichnet als Extremsituationen. Eine Sammlung aus ein paar Gebieten mit meinen Erkenntnissen habe ich hier zusammengetragen.

Einleitung

Was meine ich mit „Streß" zu haben?

Sind wir im Einklang mit uns? Wenn ja, befinden wir uns in unserer „Mitte", dann leben wir in Balance. Aus dieser Position ist es möglich, für uns und unser Umfeld auf gute Weise mit der Außenwelt zu agieren (z.b.: Entscheidungen treffen).

Mir geht es in den folgenden Ausführungen darum, mögliche Faktoren aufzuzeigen, die uns aus dem Gleichgewicht bringen können. Die Auswirkung einer Störung unseres Gleichgewichts verursacht Streß. Ist Streß entstanden, kann unsere Lebenskraft nicht mehr gleichmäßig fließen, das bedeutet eine Schwächung, Anfälligkeit für Krankheiten, Fehlentscheidungen, Frustration u.v.m.. Schnell gerät der Gestreßte in einen Kreislauf, dessen Zustände immer weiteren Streß erzeugen. So ist die Türe geöffnet für ein „Hamsterrad" oder „Strudel".

Meine Zusammenstellung beruht auf der Vorstellung: „Alles ist Energie." Die Energie findet in unterschiedlichen Formen und Dichten ihren Ausdruck, die auf uns als „Energiewesen" wirken. Das bezieht das Sichtbare genauso ein, wie das Unsichtbare. Z.B.: Mit einem Messer kann ich die Form von Gegenständen verändern. Gleichfalls kann ich mit einem Wort Einfluß auf die Laune, die Gefühle meines Gegenübers nehmen. Auch ein Gedanke an etwas Schönes erzeugt in mir selbst Freude. Denke ich an etwas Sorgenvolles, generiere ich Angst als mögliche Folgefrequenz. Alles formt sich entsprechend des Einflusses.

Um meine Sichtweise weiter zu veranschaulichen, biete ich folgenden Vergleich an: Stellen wir uns vor, jeder zivilisierte Mensch in unserer Zeit hat eine Art „Streßkonto". (Ich glaube, das ist das einzige Konto, das bestenfalls leer sein sollte.) Auf diesem Konto werden alle Streßfaktoren bzw. Streßsoren (Sorge, Ärger, Angst, Druck, Konflikte, Schmerzen, schwebende Zustände, in denen man auf Antworten und Entscheidungen wartet) gebucht. Ist dieses Konto zu voll, erhalten wir „Post" von unserem Körper/Geist/Seele. Es sind Signale, die uns alarmieren wollen, den Kontostand zu betrachten bzw. zu reduzieren. Aus diesem Grund ist es sinnvoll, den Kontostand regelmäßig umsichtig wahrzunehmen, anzuschauen und ggf. Abhilfe zu schaffen. Abhilfen sind z.B. Abbau von Streß mit Hilfe von Entspannungstechniken, oder besser noch das Vorbeugung von Streßfaktoren, aufgrund des eigenen bewußten Lebensstils, das beinhaltet letztlich das Lösen von Konfliktpotentialen. „Überweisungen von Streß", an andere Mitgeschöpfe (z.B. Weitergabe von Druck, schlechte Laune am Gegenüber abreagieren und permanente Verbalisierung seiner Probleme,

ohne eigenverantwortlich nach einer Lösung zu suchen),
macht keinen Sinn, da der Betrag auf unserem Konto durch
diesen Umgang nicht zu eliminieren ist. Der Kontostand steigt
unterschwellig eher aufgrund einer solchen Handhabung, da
die Ursache keine Erlösung findet.

So erhält unser Mitmensch oder Zuhörer zusätzliche „Überweisungen" auf sein Konto, d.h. durch den Versuch, den Streß an
andere zu übergeben, wird mit einer solchen Verhaltensweise
Streß potenziert.

1. „Nervenräuber" entdecken und verstehen

Was nagt am Nervenkostüm?

Gleich zu Beginn beuge ich einem Mißverständnis vor. Gelegentlich konnte ich feststellen, Menschen verwechseln Entspannung mit Gleichgültigkeit. Entspannung ist ein Zustand und Gleichgültigkeit eine Lebenseinstellung. Daher hat Entspannung weder etwas mit Stillstand, Desinteresse, sich etwas „schönreden", Abstumpfung oder Resignation zu tun. Entspannung beinhaltet Präsenz und Wachheit. Sie ist vergleichbar mit einem ruhig fließenden Gefühl. Bewußte Entspannung zu erzeugen, setzt Interesse voraus, Achtsamkeit und Aufmerksamkeit dem eigenen Körper gegenüber incl. ethische Werte zu entwickeln.

Am Anfang von Entspannungsübungen gilt als erstes Ziel bzw. Erwartung nicht, in einen möglichst tiefen Entspannungszustand zu gelangen (was sicherlich akut hilfreich sein kann). Primär sollte sein, die Sensibilisierung für den eigenen Körper in den Fokus zu stellen, die im Alltagsgeschehen meist verschüttet wurde. Entspannen ist weniger Ablenkung und Zerstreuung; es ist vielmehr Sammlung und Zentrierung, verbunden mit Loslassen. In einem fühlbaren Entspannungsmoment stellt sich automatisch ein Entspannungszustand ein. Das Ziel ist gleichzeitig die Folge: weniger zu denken, Abstand zum Alltag zu erhalten, Distanzierung zu seinen Problemen, Entstehung von Klarheit, für diesen Moment Freiheit zu gewinnen und ein Gewahrsein im Augenblick.

Jeden Tag prasseln permanent Einflüsse, Eindrücke und Informationen auf uns ein, die verarbeitet werden müssen. So viele Individuen sehnen sich nach einem anstrengenden Arbeitstag nach Ruhe. Immer noch versprechen sich Menschen, diese Ruhe vor dem Fernseher und digitalen Medien zu finden: Sich selbst „abzuschalten" - den Fernseher bzw. PC einzuschalten. Ist das eine Lösung?

Leider bewirkt der Fernseher puren Stress für den Geist und folglich für den Körper. Was passiert in uns bei der Nutzung dieses elektronischen Gerätes? Wir starren in einen Bildschirm oder Fernseher, der weit mehr Bilder pro Sekunde produziert, als das Auge aufnehmen kann. Das Auge – so heißt es - nimmt normalerweise individuell 14 bis 16 Bilder pro Sekunde auf. Wir registrieren die vorgespielten Informationen (z.B. Bilder) mit den Augen. Diese müssen vom Gehirn verarbeitet werden. Das Gehirn leitet entsprechende Impulse über das Nervensystem – je nach dem, was wir sehen - an den Körper; dieser beginnt zu reagieren (Gefühle, Spannung, Nervosität,

Aufgewühltheit, Vital-Funktions-Veränderungen im Körper).
Bedeutet das wirklich Entspannung?

Für viele Menschen wird der Körper scheinbar nach einem Arbeitstag durch den Fernseher wieder spürbar, jedoch unbewusst. Ich würde es eher als Überlagerung bezeichnen, z.b. von Gefühlen und Emotionen, die innerhalb des Tages (geschuldet verschiedenster Situationen) entstanden sind und unterschwellig weiterwirken.

Das heißt, so einige Menschen suchen nach einem stressigen Tag, den Kontakt zur Körperwahrnehmung bzw. Ablenkung. Auf diese Weise erzeugt jene Nutzung des Fernsehers und anderen elektronischen Gerätschaften in gewisser Weise vermehrt geistig und funktionell körperliche Anspannung, was unser komplettes Nervensystem erneut beansprucht bzw. überansprucht. Fernseher (wenn es sicherlich auch schön sein kann, in einen guten Film abzutauchen) und andere digitale Medien verlagern den Betrachter auf das Außen. In der Entspannung lenken wir bewusst und gezielt den Geist auf die Körperwahrnehmung, das heißt, man geht nach innen; dann kann Entspannung eintreten.

Die bewusste Entspannung gibt Raum, Dinge zu verarbeiten. Nach Abschluß einer Tätigkeit kann - mit dem geeignet Umgang - der Abbau von Streßauswirkungen unterstützt werden. Die Leerung des „Streßkontos" findet z.b. in diesem Moment statt. Entspannung geschieht auf körperlichem und geistigem Weg. Sport kann als nützliches Überdruckventil genutzt werden und biochemische Vorgänge zum Ausgleich anregen. Intensive körperliche Bewegung vermag allerdings nicht die Ursachen zu verarbeiten. Schlaf z.B entspannt körperlich, je nach Schlafphase auch geistig. Entspannen ist ein Vorgang. Wir können nur selbst entspannen; alle Hilfsmittel liegen in uns, es darf nur der Zugang dafür gefunden werden.

Es ist aus den benannten Gründen sinnvoll, sich nach einem anstrengenden Arbeitstag eher bewußt zu fragen, wann und warum ich mich gestreßt fühle: „was nagt an meinem Nervenkostüm?"

Allgemeine Zusammenhänge

Im ersten Teil „**Wer – Was – Wo - ist der Mensch?**" benenne ich den Körper als unser Instrument, mit dem wir Kontakt zur Außenwelt haben und aufnehmen. Der Körper läßt sich durch unsere Seele physisch in dieser Welt bewegen.

Wenn ich in diesem Band von Streß spreche, meine ich die Überforderung unseres Nervensystems, unseres Geistes und unseres gesamten Seins, aufgrund unangenehmer und belastender Situationen. Dieser Zustand wird in Fachkreisen als: „Disstreß" bezeichnet. Allgemein werde ich nicht zu Streß-Definitionen oder deren bio-chemischen-Abläufen, eingehen. Es existiert reichlich Literatur auf diesem Gebiet die Eu- und Disstreß bestens beleuchten.

Vor vielen Jahren schloß ich erfolgreich eine Ausbildung zur Entspannungstrainerin ab und kenne Methoden, die dem Individuum recht schnell helfen, effizient zu entspannen. Ich gehe hier aber nicht auf diese Methoden ein.

Was möchte ich dann mit diesem Thema ausführen?

Keine weitere kognitive Wissensansammlung zum Auswendiglernen von Fakten und Zahlen. Vielmehr dienen meine Ableitungen dazu, Erklärungen aufzuzeigen, damit der Leser mehr versteht, erkennt und so bewußter und gesünder im Leben stehen kann. Meine Zusammenfassungen sind eher ein Überblick und machen aufmerksam, womit der Mensch permanent zu tun hat.

Was ist aber mein Ziel?

Es geht darum, diese stetigen ins Unbewußte gerutschten Anspannungen (Prozesse) zu erkennen und in Zukunft zu verhindern.

Wie? Das Auflösen der Ursache ist mein Ansatz. Der erste Teil: **„Wer – Was – Wo - ist der Mensch?"** beinhaltet bereits Wegweiser zur Selbsterkenntnis.

Auch in diesem Schriftstück bin ich bemüht zu vermeiden, Ihnen zu sagen, was Sie tun oder lassen sollten. Es liegt immer an Ihnen, welche Erkenntnisse Sie aus einer Information ziehen möchten. Sie wissen am besten, was Sie bereit sind zu verändern. Denken Sie daran, Sie allein tragen die Verantwortung für sich. Es ist immer leicht zu sagen: „… der oder die hat aber gesagt…." überprüfen Sie jede Information eigenständig – sofern Sie dazu in der Lage sind – auch das, was ich hier niedergeschrieben habe.

Den Band „Das Streßkonto", versuche ich kurz zu halten. Ich betone hier: Alle Aufführungen und Zusammenhänge betreffen genauso bzw. besonders unsere Kinder. Auf die Felder rund um den Nachwuchs gehe ich speziell am Ende ausführlich ein. Die kleinen Schützlinge sind viel feiner, weniger abgestumpft, d.h. reagieren sensibler. Machen Sie sich bewußt: Sie stellen für Kinder ein Vorbild dar und Ihre Sprößlinge tun alles, um Ihnen zu gefallen – gerade, wenn sie noch klein sind. Kinder kennen sich hier auf der Welt im menschlichen Miteinander noch nicht aus und müssen sich einleben. Sie, lieber Leser, bzw. jeder Elternteil, trägt somit für Ihre Nachkömmlinge die

Verantwortung. Daher ist es am besten, wenn Kinder früh lernen, daß Sie als Erwachsener auch sorgsam handeln können. Das heißt z.b. Informationen hinterfragen, Ihren gesunden Menschenverstand einschalten und etwas vorleben, was Selbstbewußtsein, Gesundheit, Mitgefühl,... zeigt, kongruentes Handeln und den Mut haben, sich der Wahrheit zu stellen.

Löst dieser Gedanke in Ihnen Streß aus? Dann sind Sie genau hier richtig. Beginnen Sie, sich diesem zu stellen. Dieser Streß ist gesund und hält Sie gesund; denn Lebenslügen machen krank. Der Streß, den eine Lüge tief in jede Zelle gräbt, hinterläßt unschöne Furchen.

Haben Sie Mut zur Wahrheit bewiesen, werden Sie eine Kraft spüren, die Sie beglückt. Das ist der Beginn für ein Leben, das unserer Nachwelt eine Zukunft bietet, die der Gesunderhaltung des Körpers dient und der Gesellschaft wohlwollende, menschenwürdige Strukturen eröffnet.

Was meine ich mit Lügen?

Diese können kleine oder große Lügen sein. Alles hinterläßt Spuren, wenn Sie nicht ehrlich zu sich oder Anderen sind. Eine Verkäuferin, die dem Kunden gerade ihren verdorbenen Ladenhüter wie das Beste anpreist und Wunder verspricht, es ihm geradezu aufdrängt. Kurz gesagt: Jemand täuscht falsche Tatsachen vor, damit er mehr Profit erzielt.

Hier als Beispiel eine kleine Geschichte, die mir etwa im Jahr 2007 widerfahren ist. Ich liebe Kleidung aus Naturmaterialien. Meine damalige Alltagshose zeigte sichtbare Verschleißerscheinungen. Meine finanziellen Möglichkeiten erlaubten mir keine Garderobenfülle, in der ich viele Hosen zur Auswahl gehabt hätte. So machte ich mich notgedrungen in der Stadt auf die Suche nach einem passenden Ersatz, aus den entsprechenden Materialien und in dem Schnitt, der zu mir paßte.

So landete ich in einem recht angesehenen Kaufhaus. Normalerweise mied ich Verkäuferinnen für Beratungen. Doch nahm ich die Hilfe der Bedienung angesichts der Fülle des Sortiments in Anspruch. Sie brachte mir recht schnell eine Hose. Ich probierte sie an. Aus der Umkleide heraustretend und vor einem Spiegel stehend, wußte ich: diese Hose geht gar nicht. Die Verkäuferin kam gleich auf mich zu und fragte: „Und, wie sieht's aus?"

Um höflich zu sein sagte ich ganz dezent. „Mh, eher nicht, schauen sie, sie ist mir oben viel zu weit." Eine Antwort kam wie aus der Pistole geschossen von ihr: „Ach wissen Sie mit einem Gürtel kann man sie zusammenschnüren." Ich merkte, mein Nichtgefallen kam bei ihr nicht an, so setzte ich nach mit den Worten: „Oh ich glaube nicht, sie ist ja auch viel zu lang." Wieder ließ sie mit einer Antwort nicht warten: „Wir haben im Untergeschoß Schuhe, da können sie sich richtig hohe Schuhe kaufen, dann paßt das schon." Nun war ich wirklich verunsichert über ihre Hartnäckigkeit und das Unvermögen, daß sie selbst nicht erkannte, wie diese Hose mir so gar nicht paßte. Schließlich wurde ich noch deutlicher: „Nein, sie paßt nicht, auch die Hosenbeine sind viel zu weit." Nun gab sie eine Antwort, die mich in einen Zustand völligen Erstauntheit versetzte. Sie schlug mir allen Ernstes vor, die Hose sehr heiß zu waschen, denn dann würde sie sicher eingehen und enger sein. Das war der Moment, den ich fast schon als frech bezeichnete.

Ich meinte ganz ernst zu Ihr. „Wissen Sie, ich möchte mein Geld ausgeben für eine Hose, die wirklich paßt". Schließlich ging ich in die Umkleide und verließ danach das Geschäft. Es hallte über diese bizarre Beratungserfahrung ein sehr seltsames Gefühl nach. Oft dachte ich an diese Situation und suchte eine Erklärung. Mir zeigte diese Geschichte, wie so manche Menschen vielleicht entweder unter einem derartigen Druck ihrer Vorgesetzten stehend, gänzlich jeglichen Bezug zu ihrem Tun oder ihren Worten verloren haben.

Fairer Weise merke ich hier an, wie oft ich Berater, Verkäufer erlebte, die sich mit einer Kompetenz und engelsgleichen Geduld vergeblich um die Wunscherfüllung der Kunden bemühten, gleichzeitig mit aller Freundlichkeit den Kunden verabschiedeten, völlig gelassen, trotz gescheitertem Beratungserfolg.

Auch kann eine Lüge sein, dass ich einem Kollegen oder Chef extra und ganz bewußt eine falsche Information zukommen lasse, die jemandem schadet, „ich" aber daraus auf irgendeiner Ebene eine Art „Gewinn" erziele (finanziell oder durch Anerkennung, besseren Status). Oder „ich" umarme jemanden und begrüße ihn mit scheinbarer Freude, denke mir aber: „Oh je, muß ich Dich jetzt schon wieder treffen!" etc.

Ein interessanter Pfad, der Frage nachzugehen: Warum lügt jemand, wann und wieso begann die (individuelle) „Lügenepoche". Mein Vater meinte zu diesem Thema: „Es gibt keine guten Lügen – Um die schlechte Wirkung einer Lüge zu neutralisieren, bedarf es sieben weiterer Lügen." Bekannt ist auch der Spruch: „Wer einmal lügt, dem glaubt man nicht, wenn er auch die Wahrheit spricht."

Was macht es mit einer Gesellschaft und dem einzelnen Menschen, in der ein Grundvertrauen derartig gestört ist? Es erzeugt eine Ungewißheit, vielleicht auch ein Gefühl von Macht-losigkeit, Resignation. Diese Zustände liefern einflußreiche Bausteine für Streßzustände. Bei jedem Kontakt sendet der Mensch Signale. Es geht darum: Ich als „Sender" gebe bei ei-ner Lüge wissentlich falsche Informationen in mein Umfeld (über mein Verhalten, verbal, über Gestik, Mimik, Inhalte) und denke gleichzeitig innerlich das Gegenteil (nur zu meinem Ei-gennutz). Mein Verhalten würde daher im Widerspruch stehen zu dem, was ich signalisiere. Eine allgemeine Definition der Lüge war zu finden z.B.:unter Wikipedia

*„Eine **Lüge** ist eine Aussage, von der der Sender (Lügner) weiß oder vermutet, dass sie unwahr ist, und die mit der Ab-sicht geäußert wird, dass der Empfänger sie glaubt, oder an-ders formuliert „die (auch nonverbale) Kommunikation einer subjektiven Unwahrheit mit dem Ziel, im Gegenüber einen falschen Eindruck hervorzurufen oder aufrecht zu erhalten."*

Lügen dienen dazu, einen Vorteil zu erlangen, zum Beispiel um einen Fehler oder eine verbotene Handlung zu verdecken und so Kritik oder Strafe zu entgehen. Gelogen wird auch aus Höflichkeit, aus Scham, aus Angst, Furcht, Unsicherheit oder Not („Notlüge"), um die Pläne des Gegenübers zu vereiteln oder zum Schutz der eigenen Person, anderer Personen oder Interessen (z.B. Privatsphäre, Intimsphäre, wirtschaftliche In-

teressen), zwanghaft/pathologisch, um Harmonie herzustellen, Zwietracht zu säen oder eine Intrige zu spinnen."

Der Mensch, der lügt, schadet nicht nur dem Anderen, sondern langfristig sich selbst. Es hat sich die Lüge in vielen gesellschaftlichen Kreisen eingespielt, und es wird fast schon erwartet zu lügen. In unserer „zivilisierten Gesellschaft", ist die Lüge salonfähig geworden. Die Gefahr dieses schändlichen Umgangs mit der Wahrheit ist, daß der menschliche Körper immer mehr und tiefer bis hinein ins Unterbewußtsein durchzogen wird mit jenen Verhaltensweisen. „Kleinigkeiten", in denen ein Mensch nicht mehr ehrlich ist, fallen ihm kaum/nicht mehr auf. Schwindeleien wurden so oft betrieben, daß sie bereits aus dem Unterbewußtsein heraus wie automatisch agieren. Es geht darum, sich seiner irgendwann erlernten Struktur wieder bewußt zu werden. Dann erst kann sie geändert werden. Sowohl der Wille wie die Bereitschaft dafür sind ausschlaggebend und gleichzeitig der erste Schritt.

Ausflug Nahrungsergänzungsmittel

Spätestens mit einem irritierten Blutbild, aus dem Ärztelabor wird einem Gestreßten vor Augen geführt: „Der Körper ruft um Hilfe." Der physische Bereich ist nur ein Meßinstrument, daher wird es einem völlig Überarbeiteten nicht dauerhaft helfen, wenn er Geld in Sublimierungen steckt. Dieser sollte viel mehr Zeit für sich investieren, um die Auslöser zu beheben.

Immer wieder beriet ich im Rahmen meiner Arbeit als Reformhausfachberaterin Kunden, die sich erhofften, mit ein paar Pillen ihre Streßsymtome in den Griff zu bekommen.

Aus meiner Erfahrung zeigte sich, die besten: Magnesium, B-Vitamin Präparate, Lecithin, Melissentee und co. leisten eher eine temporäre Unterstützung. Sicherlich ist es hilfreich, den Körper mit den passenden Vitaminen, Mineralien und Kräutern in manchen Lebensphasen vermehrt zu unterstützen, so auch, wenn man sich in einer Aufbauphase befindet oder temporär besonderer Beanspruchungen ausgesetzt ist. Natürlich empfiehlt es sich ebenso, einen evtl. Vitamin- bzw. Mineralstoffmangel über eine Sublimierung auszugleichen. Gleichzeitig ist es ratsam, der Ursache davon auf den Grund zu gehen. Gründe dafür könnte eine einseitige Ernährung sein, der Körper kann trotz gutem Essen keine Vitamine aufnehmen oder der

Mangel entstand als Folgeerscheinung einer anderen (physischen, psychischen) Ursache. Daher ersetzt eine reine Symptombehandlung (wie es in vielen medizinischen Bereichen zu beobachten ist) nicht die Lösung des Problems.

Ein Problem - das ich gerade scheinbar nicht ändern kann - erzeugt z.B. emotionsstarken Streß und dieser generiert möglicherweise auf der physischen Ebene eine sichtbare Verkörperung. Die schwerwiegende und ungelöste Situation findet im Körper eine Verankerung und wartet auf Erlösung. Man spricht dann von einem Symptom. Die Symptome selbst ähneln - aus meiner Beobachtung – aber eher einem Thermometer. Nur weil ein Thermometer an einem eisigen Wintertag Minustemperaturen anzeigt, heißt es nicht, das Meßinstrument verursacht die Kälte.

Es erinnern mich die vielen Behandlungsmethoden bzw. Warnzeichenbehandlungen daran, als wolle man lediglich in das Thermometer eingreifen, damit es die passende Temperatur anzeigt, ganz gleich, ob es der realen/tatsächlichen °C-Zahl entspricht. Daher gehe ich in diesen Texten nicht weiter auf Sublimierungen ein.

Primärer und Sekundärer Streß - Streßunterteilung

Ich unterteile aufgrund meiner Analysen den Streß nicht nur in Eu- oder Disstreß. Ich sehe zusätzlich in einen primären und einen sekundären Streß. Eine Lüge bewirkt meist sowohl den einen wie auch den anderen. Was bedeutet das?

Primärer Streß

Wirkt diese Art von Streß auf uns ein, spüren wir ihn recht zeitnah. Die Auswirkungen sind direkt bzw. klar auf den Stressor (Auslöser des Zustands) zurückführen.

Die meisten Leser kennen dazu folgende Erfahrung. Ein Umzug und dessen Anforderungen hat ein enormes Streßpotential für die Person. Fühlt sich derjenige im Zeitrahmen seines Umzugs angespannt, unausgeglichen und bemerkt er nach dem Umzug Erschöpfungszustände, so kann eindeutig die Kausalität gesehen werden. Ebenso, wenn jemand eine Prüfung vor sich hat, in der Arbeitswelt unter enormem Zeitdruck innerhalb eines wichtigen Projektes steht. Ist alles abgeschlossen, können auftretenden Erschöpfungszustände direkt diesen Ursachen zugeordnet werden.

Sekundärer Streß

Unter sekundärem Streß verstehe ich, wenn die Folgen des Auslösers nicht direkt auf den Stressor zurückzuführen sind. Muß jemand einen Nahestehenden oder sich selbst etwas vormachen, weil er sich die Wahrheit nicht eingestehen kann oder will, ist es möglich, daß dies mit der Zeit – sofern das Individuum ein Gewissen besitzt – „Furchen" in die Struktur (sowohl physisch sichtbar als auch energetisch spürbar) des Menschen graben kann. D.h. wenn jemand gerade seine Ehefrau bewußt belügt, gerät der Mensch, sofern er noch ein Gewissen besitzt, in dem Moment, in dem er die Lüge in die Welt setzt, in eine gewisse innere Anspannung, einen „Streßzustand". (Ausgenommen sind die pathologischen Lügner; deren Nervenverschaltungen verlaufen anders.)

Dieser dauerhafte Zustand eines Lügengebildes arbeitet im Alltag bei ganz anderen Aktivitäten permanent im Unterbewußtsein weiter. Die Folge, es entstehen mit der Zeit im Körper Stauungen oder Blockaden. Stauungen und Blockaden in unserem Energiesystem sind die Grundlage von Krankheiten (physisch oder psychisch). Eine derartig generierte „Krankheit" ist nicht direkt auf den Stressor (die permanente Lüge) zurückzuführen, daher sekundärer Streß.

Streßsoren - Angst

Weder möchte ich mich in diesen Texten zu den verschiedenen Theorien sogenannter Wissenschaftler äußern, über Zusammenhänge oder nicht Zusammenhänge von Bewußtsein, Geist, Nachweise der Vorgänge von Nervenzellen oder deren Getrenntheit, geschweige denn der Entwicklung von Bewußtsein und die Beweisbarkeit von diesem sowie der Frage nachgehen: Was ist wirklich in der Außenwelt? Was ist Realität? Was davon und wie können wir erfassen bzw. wahrnehmen, und wie viel gelangt in die Übersetzung/Interpretation der Innenwelt? Es existieren komplexe und teils individuelle Vorgänge, manche erforscht, so einige noch verhüllt. Diesen Raum lasse ich gerne den Menschen, die sich darin vertiefen möchten, mit ihrer jeweiligen Weltanschauung und ihrem Gelernten.

Dennoch gilt es im Groben zu verstehen, daß Reize von außen auf uns wirken und Reaktionen in Gang setzen. Eines der stärksten Reaktionen auf einen wahrgenommen Reiz ist die Angst (siehe ausreichende Forschungsergebnisse in der bereits bestehenden Literatur). Gelingt es mir, in einem Menschen Angst zu erzeugen, entstehen extreme starke Abläufe in Zell- und Geist-/Gedankenstrukturen.

Die Großhirnrinde ist für die Interpretation mitverantwortlich, ob ein Reiz aufgrund unserer Erfahrung, Erinnerung, Prägung, Konditionierung als Gefahr eingestuft wird. Die „Angst" ist von Natur (?) aus in uns als ein Ausnahmezustand eingerichtet worden. Was bedeutet „Ausnahmezustand"? In einem derartigen Geschehen sollte der Mensch eher selten sein.

Wieso? Angst stellt eine enorme Belastung für das Lebewesen dar: Angst äußert sich sowohl in unseren Gefühlen, als auch über unsere Körperfunktionen. Nimmt ein Mensch etwas wahr, was Angst auslöst, ist der Körper gefordert, in Sekunden zu reagieren. Der Mensch muß in der angemessenen Form, mit passenden Entscheidungen und situationsgerechten Bewegungen sein Leben retten können. Das Nervensystem ist für die entscheidenden Prozesse mitverantwortlich. Angst ist aber auch ein Warnsignal (eine gesunde Angst).

Ein Angstgefühl bzw. die daraus erzeugten Folgeprozesse können bereits über die Gedanken an als ein bedrohlich eingestuftes Ereignis ausgelöst werden. Das Limbische System, das für die Gefühle zuständig ist, meldet die Signale, und so beginnen die Prozesse, Einfluß auf unseren Körper zu nehmen. Wissenschaftliche Untersuchungen belegen diese Vorgänge. Über die Nervenbahnen erfolgt die Verbindungen. Es findet eine automatische Reaktion statt, je nachdem, welche Prägung eher dominiert: „Flucht-", „Kampf-", oder „Verharren-Typ" (die Sich-tot-stellen-Methode in der Tierwelt).

Es sind aber immer folgende Körperfunktionen betroffen, wie das Herz, Blutdruck, Gefäße, Muskeln, Blutfließeigenschaften, Blutwerte, Atmung, der Stoffwechsel; unnötige Vorgänge werden gedrosselt (Verdauung, Sexualtrieb, Appetit). Die Ausscheidungsvorgänge von Darm, Urin, und Schweiß verändern sich.

Ich finde das eine recht kluge und wundersame selbstständige Organisationsmaßnahme unseres Körpers, ohne unser bewußtes Zutun. Daher empfiehlt es sich, bewußt Reize wahrzunehmen und so einen Überblick über seine automatischen Reaktionen (Angst) zu erhalten. Normalerweise muß diese radikale Systemveränderung in einer Streßreaktion aufgrund des Alarmsignals „Angst, Panik" im Körper nach einer kurzen Zeit wieder die Entspannungssignale über das Parasympathische Nervensystem erhalten.

So geraten wir aus unserem Streßmodus. Sind wir jedoch ständig mit Reizen umgeben, die Angst in uns hervorrufen, bedeutet das eine außergewöhnliche und ungesunde Belastung für unseren Organismus. Derartige Reize können über Informationen hervorgerufen werden. Z.B. wir lesen etwas (in ei-

nem Zeitungsartikel), das aufgrund seiner Inhalte eine Verknüpfung zu unserer Todes- bzw. Leidensangst schafft, Bilder
in uns erzeugen und spulen einen inneren „Film" ab, über Sze-
narien, die wir in diesem Zusammenhang gelernt haben, vor
deren Folgen wir uns wirklich fürchten. Das kann verschiedene
Themengebiete beinhalten: gesundheitliche, existentielle, finanzielle, wirtschaftliche. Die Gebiete, auf die wir daher sensi-
bel reagieren und unsere Konditionierung entstehen können,
sind individuell. Die Gefahr bei der Angst ist, sie kann sich auf
eine gewisse Weise verselbständigen und gewinnt an Eigendy-
namik. Eine Angstspirale wirkt demzufolge massiv auf unseren
Organismus.

Schafft es der Mensch nicht, Verselbstständigung zu erkennen, wenn eine Angstreaktion zu lange andauert bzw. wieso
sie immer wieder ausgelöst wird, gerät er in diesen Strudel.
Viele Betroffene denken dann möglicherweise: da helfen nur
noch „Fachleute" bzw. der Griff zu Medikamenten. Wenige erkennen, was sie selber tun können. Weil im Umfeld die meisten Menschen dafür ebenso nur den Rat zu Medikamenten
und Fachleuten geben können, ist dieser „scheinbare Lösungs-
ansatz" normal.

Hilfreich wäre wirklich, die Nachrichten (Zeitungen), die die
ständigen Reaktionen in Gang setzen, zu hinterfragen. Ist der

Artikel sachlich geschrieben oder eher emotional? Welches Thema reizt mich so? Welche Erfahrungen habe ich damit gemacht? Ist diese Information richtig? Woher habe ich die Information und kann ich sie prüfen? Will ich sie prüfen, oder möchte ich lieber an die Gefahr/Angst glauben? Ist die Angst scheinbar leichter zu ertragen, als sich der Wahrheit und deren Folgen zu stellen? Setze ich mich mit diesem Thema auseinander und beleuchte es?

In all den Jahren, in denen ich mich mit Gesundheitsthemen beschäftigte, mußte ich immer wieder feststellen: Nicht weil etwas in der Zeitung steht, ist es zwangsläufig richtig. Nur wenige Studien, die ich las, hatten eine Allgemeingültigkeit. Wie oft sind in der Wissenschaft die neusten Forschungen, auf die dann alle Maßnahmen ausgerichtet (standardisiert) wurden, nach ein paar Jahren völlig überholt bis hin als „falsch" eingestuft?

Sollte das Hinterfragen des mental Konsumierten nicht gleich gelingen, wäre eine andere Möglichkeit; sich anfangs von (emotionserzeugenden) Nachrichten, Zeitungen und andere Informationsquellen erst einmal fernzuhalten, damit wieder ein gesunder Abstand gewonnen werden kann. Augen auf und der Wahrheit zugewandt – trotzend einem möglichen kalten Wind -

ist besser als Augen zu, Kopf in den Sand zu stecken und keine Luft mehr zu bekommen.

Sollte ein Löwe auf einmal vor Ihnen stehen, ist es natürlich ratsam, nicht erst Bücher zu suchen, die Löwen analysieren, ihren Lebensraum beschreiben. Dann müssen Sie handeln. Sie können sicher sein, die Begegnung mit dieser Gefahr wird kurz sein, da sich so oder so eine „Lösung" findet. Nur für solche natürlichen und tatsächlichen Angst- bzw. Streßerfahrungen ist unsere Körper, System bzw. der Angstmechanismus ausgelegt.

Die Angst, dem schleichenden und getarnten Verfolger, der unbewußt an allen Ecken auf uns lauert, zu nähren und ihm Raum zu geben, wird uns alles andere als hilfreich sein. Es gilt auch hier wieder, sich dessen voll und ganz bewußt zu werden, mit Hilfe der Bereitschaft zu der Ehrlichkeit zu sich selbst, seinen Überzeugungen, seinem Leben, Angewohnheiten, Konditionierungen, seinem einflußnehmenden Umfeld,....

Seite für eigene Gedanken:

Streßgesellschaft – mein persönlicher Bericht

„Was machst Du jetzt beruflich?" Das war jedes Mal die Frage, die mir die Menschen stellten, nachdem mein Mann verstarb. Mir wurde klar, ich muß neben meinem Lebensunterhalt auch einen Status präsentieren, um ernst genommen zu werden.

Ja, der finanzielle Druck war groß. Nicht zu wissen, wovon man leben soll, wie man sich und seine traumatisierte, lädiierte, alte Tierschutz-Hündin versorgen kann, die Miete bezahlen, …. Jeder weiß, welche Kosten im Alltag anfallen. Mir war leider auch gleichzeitig klar, ich kann nicht mehr in die „normale" Berufswelt zurück. Dafür war ich bereits zu lange zu eigenständig und hatte meine Vorstellungen, die mit der „Norm" manchmal nicht so verträglich waren. Ich wußte, ein Arbeitsalltag würde in mir so viel Streß erzeugen, daß ich keine Woche dem hätte Stand halten können.

Daher schien für mich die einzige Lösung, nicht den „normalen" Weg" des Systems zu gehen. Die Angestellten der Arbeitsagenturen erhalten sehr viel Druck (was Streß bei den Bearbeitern erzeugt!), um die Menschen wieder in eine Beschäftigung zu drängen. Menschlichkeit und Interesse sind gut und schön, doch nach einiger Zeit müssen einfach entsprechende

Nachweise der Bemühung - nach deren Vorstellung und nicht nach meinen Kapazitäten - erbracht werden.

Ich erachtete meine Ausrichtung als gesunde Selbstliebe, auf der Suche nach einem Weg, um mich einer für mich oft sklavenartigen Unterwerfung im Arbeitsleben zu versagen. Ob mir es gelingen würde, wußte ich nicht. Ich malte zu der Zeit Bilder und hoffte, mit Hilfe von Drucken dieser eigenen Werke mein Geld zu verdienen. Leider bot die wirtschaftliche Lage (enormer Anstieg der Energiekosten und Lebenshaltungskosten, wirtschaftliche Auswirkungen der damaligen Corona-Politik, Kriege) lediglich eine flächendeckende Verunsicherung. Jeder normale Mensch wollte lieber sparen. Ein günstiger Massendruck hat andere Preise als ein Kunstdruck eines unbekannten Künstlers. Somit fanden meine Bilder/Drucke kein Interesse.

Womit mache ich mich nun selbstständig. So viele Ideen füllten meine Vorstellungen. Ich arbeitete Konzepte aus, die Ideen wuchsen und wuchsen. Doch nichts konnte wirklich die Kraft in mir aufbringen, damit es den Weg in die Verwirklichung fand. Ja, ich hatte verschiedene Ausbildungen im Gesundheitsbereich. Da kann ich ja beraten - Nein! Ich möchte niemandem sagen (und fühle mich dazu auch nicht in der Lage), was er tun soll oder nicht und mich fragwürdigen Strukturen, in denen letztlich nur Verkaufszahlen zählen, unterwerfen. Ich möchte die Verantwortung beim Gegenüber lassen, wirklich gesundheitsfördernd und wahrhaftig sein können. Das System bietet für Menschen in diesen Lebensaufgaben, mit all den Erfahrungen und Einstellungen keine Hilfestellung bzw. Unterstützung. Dafür sollte eine weitere Konzeptidee von mir dienen, mit dem Fokus der Selbsterkenntnis meines Kunden. Jeder kann aus sich heraus in vielen Bereichen Lösungen generieren, sich entstressen, damit es ihm besser geht, d.h. man könnte es Entstressungs-Trainerin nennen.

Das war meine Ausrichtung. Doch wie antwortet man jemandem auf die gutgemeinte Frage: „Was machst Du jetzt beruflich?". Ich war mir sicher, ich würde von den meisten Menschen nur Unverständnis ernten. Somit erzeugte diese Frage bei einer solchen Begegnung jedes Mal Streß in mir. Ich konnte nicht zu meiner Vision - meiner Einstellung - stehen, da ich anfangs damit immer eine anstrengende und frustrierende Diskussion auslöste. Dafür war mir meine Kraft zu schade. Ich beschloß einen anderen Umgang und eine Lösung aus diesem Gefüge zu finden, denn letztlich stellte für mich ein scheinbar unüberwindbares Hindernis die Finanzierung dar.

Um eine Selbstständigkeit aufzubauen, bedarf es so einiger Ausgaben/kostenaufwendiger Auflagen. Neben Raummiete, andere (Einrichtungs-) Investitionen waren behördliche Gebühren/Beiträge, wie auch regelmäßig hohe Krankenkassenbeiträge, Versicherungen, etc. einzukalkulieren. Die Selbstständigen unter den Lesern wissen genau, was das bedeutet. Keine mir bekannte öffentliche Einrichtung hat mein Vorhaben aufgrund meiner Situation finanziell unterstützen wollen. Da stand als letzte Option ein Kredit über eine Bank (hätte ich überhaupt einen erhalten?) im Raum. Doch weder wollte ich von dieser abhängig sein, noch dem Druck - was eine Abzahlung bedeutet - ausgesetzt sein, geschweige denn mit Schulden in die Zukunft starten. So blieb der Weg zu meinem Vorhaben bzw. meiner Vision bisher verschlossen.

Andere Freunde wollten mich motivieren, ein Buch zu verfassen. Sie wußten um so einige meiner Erfahrungs- und Lernzeiten in meinem Leben. *Meine Antwort war immer: Es existieren bereits so viele inhaltlich wertvolle Bücher. Was soll ich da noch schreiben?* Dennoch habe ich mich überwunden, etwas zu verfassen. Letztlich trug ich diese Texte und Informationen in erster Linie für mich zusammen. Eine Sammlung an Themenbereichen entstand, die mir wie ein geordnetes Fotoalbum vorkommt - nur eben statt der Bilder enthält es mir wichtige Zusammenfassungen. Die Inhalte betreffen einige bekannte Wissensgebiete. Doch ist mir ein Anliegen, mehr auf

Zusammenhänge aufmerksam zu machen, als zu sehr ins Detail zu gehen. Die Detailrecherche kann jeder für sich anstellen, wenn ihn ein Gebiet anspricht. Ich möchte dem Leser einen ganzheitlichen Blick eröffnen, um sich selbst zu erkennen. Ich wünsche mir für Sie, liebe Leser, in Zukunft motiviert zu sein, um Stressoren leichter wahrnehmen und entdecken zu können, diese somit zeitnah aufzulösen und bestenfalls vermeiden Sie diese Einflüsse, d.h. finden Sie die Ursachen und nehmen Sie nötige Veränderungen vor, zum Wohle Ihrer Gesundheit. Sie haben die Fernbedienung für Ihr Leben in der Hand. In diesem Sinn, seien Sie bewußt und gut mit sich, haben Sie den Mut, zu sich zu stehen und halten Sie Ihren Streßkontostand so gering wie möglich.

Streßerkennung

Die Frage ist: Woran erkenne ich, ob mich etwas streßt bzw. ich gestreßt bin? Hier habe ich ein paar Fragen zusammengetragen.

Fühlen Sie sich oft müde?

Haben Sie häufig Unlust, sind gereizt und nervös?

Haben Sie gesundheitliche Beschwerden?

Haben Sie Kinder, auf die die Merkmale zutreffen?

Sie möchten/müssen etwas verändern, wissen aber nicht was?

Sie kommen in ihren vier Wänden nicht zur Ruhe?

Wenn Sie etwas ändern möchten, stellen Sie sich bitte eine grundlegende Frage: Sie sind offen für einen neuartigen Umgang mit Ihrem bisher vertrauten Feld, was die Ebenen Ihres gesamten Umfelds mit einbezieht? Es geht darum, daß Sie selber analysieren, welche negativen Einflüsse auf Ihre Gesundheit, Ihr Wohlbefinden und auf Ihr inneres Gleichgewicht wirken. Ehrlich zu sich selbst zu sein, ist der beste Wegbegleiter. Ihre Wohnraumbeschaffenheit, Ihre Nahrungsmittel und alles, was Sie umgibt, können Sie unter die „Lupe" nehmen. Erstellen Sie Ihre eigene Bestandsaufnahme und begeben sich auf den Weg von realisierbaren Lösungsansätzen, Tipps, Ideen und Anregungen, wie Sie Abhilfe schaffen können. Kleine Schritte am Anfang sind ein wichtiger Einstieg.

Ich möchte Sie ermutigen, selbst etwas zu verändern und Unterstützung zu finden. Folgende Faktoren, die ich in den nächsten Kapiteln vorstelle, nehmen mehr oder weniger auf unseren Körper und auf unser Nervensystem sowie auf unsere Sinne Einfluß und lösen Reize aus. Je nachdem: positiv oder negativ. Wichtig ist, sich dessen bewußt zu werden bzw. zu sein,....

2. Streß wohnt zuhause

Essen und Streß

Zuerst einmal wirkt das, was wir zu uns nehmen und wie wir es verspeisen. Über dieses Thema alleine könnte man Bücher füllen, daher erwähne ich nur ein paar Eckpunkte. Es besteht bekanntlich ein Zusammenhang von Ernährung und Gesundheit: Was man ißt bzw. freiwillig in sich stopft: Zusatzstoffe, Geschmacksstoffe, Farbstoffe, Fertigprodukte, regelmäßig und übermäßig Zucker, viel Salz, versteckte Fette, Aufputschmittel wie Kaffee u.a.. welches Wasser wir trinken (Quellwasser, Flüssigkeiten aus PET Flaschen, Leitungswasser).

Ist ein Körper bereits belastet und geschwächt, würde ich nur Gekochtes essen. Aus meiner Erfahrung belastet in solchen Fällen zuviel Rohkost den Körper zusätzlich. Sicherlich muß jeder seine Zubereitungsweise und Art der Lebensmittel finden und dabei auf den Körper achten: was tut ihm gut, was nährt mich, was bekommt mir gut, was stärkt mich. Manches ist temporär passend und kann sich mit der Zeit und den Gegebenheiten wiederum ändern. Natürlich sollte Essen schmecken, doch rate ich ab, Nahrungsmittel mit Genußmittel zu verwechseln. Von letzterem empfehle ich, diese in Maßen zu sich zu nehmen, wenn Sie den Körper nicht noch zusätzlich belasten möchten. Aufgrund meiner Ausbildungen und Erfahrungen im Ernährungsbereich, konnte ich feststellen: Es gibt keine pauschale Ernährungsempfehlung. Die Wahl der Lebensmittel und Nährstoffe sollte angepaßt an unsere individuellen Bedürfnissen bzw. Lebensumständen sein.

Wie wir essen

Wie nehmen wir das Essen zu uns? Schnell mal zwischendurch auf der Straße, zum Zug rennend? In diesem Rahmen empfehle ich, besser nichts zu essen.

Es lohnt sich, sich Zeit zu nehmen für die Nahrungsaufnahme: Bewußtes Kauen, im Sitzen. Gesellschaft ist förderlich, aber bitte mit keinen „Streithähnen" oder belastenden Themen (Krankheiten, Nachrichten,...) am Tisch. Schön, appetitlich angerichtetes Essen mit sauberem Besteck und gewaschenen Händen.

Essenszubereitung:

Diese findet in unserer Kultur wenig Aufmerksamkeit. Nicht umsonst gilt in östlichen Kulturen die Bewußtheit des Kochs als wichtigste Zutat. Ich finde, dieser Satz spricht für sich und sagt alles aus.

Energetischer Streß

Was können Sie sich darunter vorstellen?

Die jahrelangen Eindrücke im Renovierungsbereich zeigten: In allen bewohnten oder nicht mehr bewohnten Räumen existieren „Energien" der Menschen, die darin gelebt haben/hatten.

Manche Menschen fühlen diese Schwingungsfelder, wenn sie frisch eingezogen sind, manche werden von den alten Frequenzen irritiert, blockiert, was sich z.b. in einer gewissen Grundgereiztheit, bis hin zu Schlafstörungen, zeigen könnte. Wie vielen bereits bekannt sein wird, stellen auch Erdmagnetfelder oder Wasseradern, je nachdem, wo sie sich befinden, für manche Menschen Probleme dar. Ein mir wichtiger Hinweis zu all diesen Auflistungen. Sollten Sie Ihre Streßsoren erkennen, ist es hilfreich, bewußte Analysen zu betreiben.

Unnötigen Streß erzeugen Sie zusätzlich, wenn Sie in eine Art Hysterie verfallen und eine übertriebene „Sensibilität" generieren bzw. sich etwas einreden. Jegliche Reaktionen erzeugen nur Angst. Daher betrachten Sie alles neutral und mit einem gewissen Abstand, mehr als Beobachter. So halten Sie unnötige Emotionen in Schach. Sein Sie aber gleichzeitig immer ehrlich mit/zu sich und nehmen Sie aufmerksam Ihren Körper, seine Empfindung wahr. Er ist ein gutes und präzises „Meßinstrument", wenn wir bereit sind, Zugang zu ihm zu pflegen und mehr ihm zu vertrauen. Mit Körper ist nicht Ihr Verstand gemeint. Der erzählt bekanntlich viel, entgegengesetzt dem, was langfristig für uns nachhaltige und gesunde Umstände bedeuten.

Fragen Sie in sich – wie in Band I beschrieben -: tut mir das gut? Wie fühlt sich dies oder jenes an? Welche Lösung sehe ich? Was für Alternativen habe ich? Wieso nutze ich das? Wozu brauche ich das? Ist das durch etwas Anderes zu ersetzen?

Vor Ihren Fragen ist es immer ratsam (besonders für Ungeübte), sich mit dem Atem auf das Herz zu konzentrieren. Das ist unsere Mitte, die mit allem in Kontakt steht und verbunden ist. Vielleicht eröffnen sich ganz neue Wege und Impulse, auf die Ihr Verstand (bzw. allein über kausale permanente Denkprozeße) nicht gekommen wäre. Wenn Sie sich einige Zeit mit Ihren Stressoren lösungsorientiert beschäftigt haben, richten Sie mindestens die gleiche Zeit auf etwas, an dem Sie sich erfreuen, was glücklich macht, das, was Sie innerlich nährt.

So schaffen Sie einen notwendigen Ausgleich, der Ihnen die „Aufräumarbeiten" leichter macht und die Kraft dafür beschert.

Streß aufgrund von materiellem Ballast

Ohne, daß sich viele dessen bewußt sind, nimmt all das, was uns umgibt oder was wir im täglichen Gebrauch haben, auf uns Einfluß.

Als Beispiel ist zu nennen, einen Stuhl, den wir einst von einer Freundin geschenkt bekamen. Mit dieser Freundin haben wir uns völlig zerstritten und daher keinen Kontakt mehr. Wir haben uns an den Stuhl gewöhnt und er ist in unserem Einsatz. Doch jedes Mal, wenn wir uns auf diesen Stuhl setzen oder ihn verrücken, kommt uns unsere „Freundin" in den Sinn. Besteht dieser Konflikt noch, so wird etwas in uns immer wieder und wieder erinnert (vielleicht unbewußt) an den Streit und die daraus entstehenden Emotionen. Streit erzeugt ebenso Streß. So nehmen wir permanent kleine Dosen dieses Stresses zu uns, der in unseren Zellen als Erinnerung gespeichert ist. Sind wir nun umgeben von vielen derartigen Artefakten aus unserer Vergangenheit und Gegenwart, bombardieren wir uns permanent mit Streßsignalen. Meine Empfehlung: Konflikte klären oder seinen Frieden damit finden (verzeihen). Sollte beides auf eine positive Weise nicht möglich sein, empfiehlt es sich, sich von den Gegenständen zu trennen. Vielleicht verschenken und so bereitet man jemandem eine Freude; man entsorgt oder platziert das Objekt auf dem Dachboden, in den Keller weg aus unserem Blickfeld. Jeder findet sicherlich passend seine Möglichkeit. Was man dabei fühlt, ist ausschlaggebend. Es kann auch sein, ein derartiges materielles Andenken hat auf uns einfach keine Wirkung, da keine Konditionierung mehr zu dieser Person existiert. Daher auch hier immer ehrlich mit sich umgehen!

Praktische Aufräumhilfe

Von Zeit zu Zeit lohnt es sich, Ordnung in sein Leben zu bringen. Es geht um das Thema „Aufräumen". Aufräumen bewirkt neben neu gewonnenem äußeren Platz auch eine innere Klärung. Klarheit vermittelt ein Gefühl von Kraft und Schwung. Das wirkt Streß entgegen. Hier nun ein paar Tipps als Aufräumhilfe, die bereits andere Menschen zur Ordnung verholfen haben. Auch hier existieren für Interessierte viele weitere Techniken, Ratgeber,...:

1. Fragen für Kleidungsstücke:

* Wie oft ziehe ich es an?

* Wann hatte ich es das letzte Mal an?

* Habe ich emotionale Verbindung dazu?

* Würde ich es wieder kaufen?

2. Aussortieren Aufräumen:

* Nur Intaktes aufheben.

(zur Verdeutlichung - bei Werkzeugen = kein Rost, Porzellan = keine Macken, Kleider = keine Löcher)

* Oder Defektes (siehe oben) etc. reparieren

* Nur das aufbewahren, was mit guter Erinnerung verbunden ist.

3. Schränke:

* Platz in Schränken lassen = Freiraum

* Platzsparendes Einräumen (schönes Falten/Rollen von Kleidung)

* Accessoires (Schals,...) in kleine Schachteln sortieren

Praktische Wohnraumanalyse

Hier folgt nun ein kleiner Leitfaden für eine Bestandsaufnahme. Ihre räumlichen Einflußfaktoren, was streßt Sie davon oder an was haben Sie sich notgedrungen gewöhnt, sehen aber keine Möglichkeit der Änderung.

1.) Anzahl der Bewohner des Hauses/Wohnung

Wie viel Erwachsene, Kinder, Haustiere umgeben Sie direkt?

2.) Die Art der Wohnung

Leben Sie in einer Wohnung (welcher Stock); oder in einem Haus – Zimmeranzahl - Deckenhöhe? Wie sieht die Umgebung aus: Garten, wie viele Häuser, in der Stadt, viel Verkehr,... oder in der Natur?

3.) Räumlichkeit/Zimmer

Küche

Die Küche ist ein zentraler Ort, der sehr viel über unsere Einstellung zum Leben aussagt: Welche Lebensmittel sind vorwiegend vorhanden? Fertiggerichte, Art der Getränke (Tee, Cola, Limo, Kaffee,...) Welchen Vorrat betreibe ich von z.B.: Süßigkeiten, etc. Findet eine Mikrowelle ihre Verwendung?

In unserer heutigen Zeit müßte bekannt sein, wie sich die Mikrowellen auf unsere Gesundheit, Zellen sowie das Essen und folglich auf unser Stresslevel, auswirken. Falls nicht, lohnt es sich nachzuforschen. Wird die Küche genutzt zum Kochen oder nur zur Dekoration und Optik?

Schlafzimmer

Unser Schlafzimmer sollte ein Ruhe- und Erholungsraum sein. Dort ist es umso wichtiger, auf bestimmte Faktoren zu achten und sich zu fragen, tut mir „das" gut, hilft „es" mir zur Ruhe/Entspannung zu kommen? Farbgestaltung der Wände, Motive der Bilder, Farbe und Material der Bettwäsche, Bettzeug, Beleuchtung, PC, Handy, Fernseher, Arbeitsmöglichkeit, Zimmerpflanzen, Bodenbeläge, z.b. Naturmaterial, Kunstmaterial und Farbgebung.

Kinderzimmer

Zusätzliche Fragen, bezüglich des Schlafzimmers wären noch: Spielsachen (Menge, Materialien und Art), Motive der Poster oder Bilder, gibt es Rückzugsmöglichkeiten? Die meisten Kinderzimmer überfluten den kleinen Organismus geradezu mit Reizen. Die Folge kann sein ständige Unruhe oder aber die notwendige Abstumpfung des Nachwuches. Auf irgendeine Weise muß eine Reizüberflutung kompensiert werden. Das Kind ist sich dessen nicht bewußt und weiß sich gegen die permanente äußere Stimulation werden nicht zu wehren.

Badezimmer

Denken Sie nicht, daß das, was sie auf die Haut auftragen, im Außen bleibt. Die Haut ist durchlässig und der Mensch kann über die Haut Stoffe aufnehmen. Daher wählen sie gut, was sie sich täglich auf den Körper schmieren und fragen sie sich, ob Ihr Körper es wirklich benötigt. Oft umgeben wir uns (freiwillig) mit unnötigen Toxinen.

Welche Pflege- und Kosmetikartikel werden verwendet Natur, Chemie? Ist Schimmel im Bad vorhanden?

4.) Kleidung

Ich bin davon überzeugt, die Materialien unserer Kleidung und das, was uns umgibt, nimmt mehr Einfluß auf uns, als es den meisten Menschen bewußt ist. Auch die Farben und deren chemische Zusammensetzung finden ihren Zugang über die Augen und die Haut in unseren Körper. Naturmaterialien (Leinen, Baumwolle,...) haben ganz andere Eigenschaften, als die so oft statisch aufgeladenen Plastiktextilien, deren Abrieb zudem weder für uns noch die Umwelt gesundheitlich förderlich sind.

Erkennen Sie, wo Sie aus Konkurrenzverhalten heraus oder Modetrends sich in Kleidung und vorallem Schuhe hineinzwängen, worin sich Ihr Körper so gar nicht wohlfühlt. Aus welchen Materialien (natur- oder synthetische Textilien), Farben, bestehen vorwiegend meine Kleidungsstücke? Welches Waschmittel oder Zusätze verwende ich?

5.) Sonstiges

Wie sieht es in meiner Umgebung mit Elektrosmog, Funkmasten, Beleuchtungen am Haus aus? Welche Musik in welcher Hz-Zahl höre ich und wie laut? Welche Reinigungsmittel gehören zu meiner Ausstattung, Sorge ich für ausreichend Bewegung und erholsame Freizeitaktivitäten? Habe ich Orte in meiner Wohnung, die weder mit Arbeit noch Verpflichtung verbunden sind? Wieviel Zeit verbringe ich in meiner Freizeit vor dem Fernsehen, mit PC-Arbeiten,...?

Wie oft reinige ich meinen Lebensraum, wechsle ich die Bettwäsche und meine Handtücher? Welches Farbspektrum wirkt auf mich ein? Setze ich Farben bewußt förderlich ein oder überflute nachteilig damit mein Nervensystem?

6.) persönliche Einstellung

Es lohnt sich, seine Gewohnheiten zu überprüfen und die Zeit zu investieren, seine Konditionierungen und Glaubenssätze zu erkennen, Ausschau nach Lösungen zu halten, statt sich permanent in der Pfütze der Probleme zu wälzen, sich fragen: „Wie viele Gründe zur Dankbarkeit kann ich in meinem Leben entdecken?"

„Habe ich Kontakt zu meinem Körper, Herzen?"

„Höre ich auf mein Körpergefühl?"

„Möchte ich mein Leben selber gestalten oder es fremd gestalten lassen?"

„Übernehme ich die ganze Verantwortung für mein Leben, mein Handeln?"

„Wohin geht meine ganze Aufmerksamkeit: auf Probleme, oder die Visionen für eine neue Zukunft?"

„Was mache ich mit meiner Lebenskraft?"

„Was mache ich, damit Glückshormone in mir erzeugt werden (Lachen, menschliche Berührung, jemandem eine Freude bereiten)?"

Was machen Sie nun mit all den Fragen?

Finden Sie Antworten! Treten Sie einen Schritt zurück und betrachten Sie ihren Lebensraum und den Umgang damit. Nein, es soll nicht zusätzlicher Streß erzeugt werden. Ich kann mich noch gut erinnern, als ich aufgrund meiner Arbeit kaum mehr Zeit für Wohnungspflege etc. hatte.

Hier spreche ich mitfühlend all die Eltern an, die manchmal kaum noch wissen, wohin mit sich und froh sind, wenn sie einfach mal zur Ruhe kommen. Es ist mehr diese Lebensphase angesprochen, in der wir bereit sind und sein können, eine Veränderung vorzunehmen. Vielleicht vergeuden Sie auch permanent mit sinnlosen Gewohnheiten Ihre Lebenszeit/-kraft: dann wäre es ein guter Moment, die alte Aktivität einzutauschen gegen etwas, was Sie in Ihrem Leben „in Ordnung" bringen können.

Das, was aus Aufräumprozessen und Sauberkeit im Außen entsteht, nimmt starken Einfluß auf unser Inneres und Wohlbefinden.

3. Vom Streß umgeben

Streß am Arbeitsplatz

Am Arbeitsplatz wirken mindestens drei Bereiche stark auf unsere Leistungsfähigkeit.

a) Der menschliche Kontakt:

Konflikte mit Menschen, mit denen wir in direktem oder indirektem Kontakt stehen (Vorgesetzte, Auszubildende, Kollegen).

b) Die Arbeitsaufgaben:

Sind die Arbeitsbereiche überfordernd oder unterfordernd? Entsprechen sie meinen inneren Einstellungen und Werten? Bin ich gezwungen, bestimmte Leistungen zu erbringen, habe ich Freude an meiner Arbeit? Welche Erwartungen und Verantwortung muß man erfüllen/tragen? Wird Arbeitsdruck ausgeübt? Welche Mobilität wird erwartet, und entspricht diese auch meiner „Natur"?

c) Die Arbeitsplatzumstände:

Einflussfaktoren auf unser Befinden (Immunsystem, Psyche) nehmen z.B. Bildschirmstrahlung, Lichtverhältnisse, Schichtarbeit, Geräuschkulisse, Handy, Klimaanlage, Sauerstoffmangel, unangenehme und chemische Gerüche (bis hin zur ständigem Sinnesreizung durch Parfüms; Arbeitshaltung (sitzender, stehender Beruf); Arbeitsmaterialien (toxische, synthetische, natürliche). All diese Faktoren wirken auf den Menschen. Je nach Sensibilität und Befinden können sie mehr oder weniger belasten. Viele Menschen haben im Laufe der Zeit gelernt, permanente Reize gewissermaßen „auszublenden". Doch leider sind diese belastenden Einflüsse immer noch vorhanden und erzeugen Streß. Dieser drückt sich dann lediglich auf einer anderen Ebene aus. Daher ist es wichtig, sich wirklich wieder bewußt werden: Was hat mich anfangs gestreßt? (Ein Beispiel dazu: am Arbeitsort, im Kaufhaus eine ständige musikalische Geräuschkulisse). Eine Lösung in diesem Fall wäre es, die Streßursache zu beheben, sich dazu mit Kollegen zusammenzutun und dann eine Lösung suchen. Ein normaler Arbeitgeber hat eine Fürsorgepflicht und ist sicher darauf bedacht, seine Mitarbeiter gesund zu erhalten. Die Verantwortung für die Gesundheit seiner Angestellten sollte über Profit oder sonstigem manipulativen, egoistischen Ziel stehen; auch im eigenen Interesse, denn jedes kranke System ist früher oder später zum Scheitern verurteilt.

Rentner – der andere Streßalltag

Ein Mensch im Rentenalter hat sehr viel erlebt und daher viel mitzuteilen. Es wirkt wie ein natürlicher Wesenszug des Menschen, all das was man gelernt oder erfahren hat, verbal oder auf eine andere Weise in die Welt zu tragen. Ich spreche hier natürlich von Menschen, die Ihre Sinne beisammen haben. Jeder kann sich fragen, wie ist unsere Gesellschaft konstruiert. Geben sie diesen Menschen einen Raum, damit andere an ihren Erfahrungen teilhaben können – unabhängig von technischem Beschleunigung/ "Fortschritt" -.

Wie viele ältere oder alte Menschen werden auf ein Abstellgleis gesetzt. Ein paar Jahre zuvor waren sie noch gut genug, um zu „dienen". Dann ist eine Lebenszahl überschritten, Ihr Anstellungsverhältnis beendet und ein „neues" Leben beginnt. Aber in welche Richtung geht das Leben?

Vielleicht haben genau vor diesem Moment viele Rentner bzw. die Menschen Angst? Das Gefühl, keinen Sinn mehr im Leben zu erfüllen, vor allem dann, wenn sich der Mensch vorwiegend über seine Arbeit identifiziert hat. Als kurze Anmerkung: Ich halte nichts von der gesetzlichen Anhebung des Rentenalters. Doch sollte jeder erfahrene Erwachsene selbst entscheiden, wann er sich aufgrund seiner Konstitution als Vollzeitrentner bezeichnen möchte/muß. In manchen Berufen (Bodenleger oder auf dem Bau) sind andere Bedingungen gefordert. Wer weiß, ob ein Mensch, der in seinem Beruf keinerlei Freude mehr verspürt, überhaupt das Rentenalter erreicht. Nicht zuletzt ist das Arbeitsumfeld zu erwähnen, das starken Einfluß auf den Arbeitnehmer nimmt.

Zurück zu den Rentnern. Eine Generation wird gewissermaßen zum Schweigen gebracht. Sicherlich ist es sinnvoll, junge Menschen zu fördern. Doch dabei alte, erfahrene Menschen wegzusperren, in eine Art leeren Raum zu verweisen, empfinde ich als unmenschlich. Ich hatte viel mit Menschen im Rentenalter zu tun. Solange der Körper noch mitmacht, kann man vieles ins Außen verlagern. Doch all das, was über Jahre, Jahrzehnte den Alltag eines Menschen erfüllte, abzutrennen und eine unsichtbare gesellschaftliche Entwertung vorzunehmen, hat Folgen. Ja, es ist eine Art Streß, der bewußt oder unbewußt wahrgenommen werden kann. Doch ist er da und wirkt aus dieser Position wenig förderlich auf die Gesundheit.

Vielleicht ist es sinnvoll, bereits jetzt darüber nachzudenken, wie wir den Fokus auf unseren Selbstwert sowie den Teil des Lebens, womit wir unser „Geld" verdienen lenken und ihm eine andere Wertigkeit schenken? Es ist unsere Lebenszeit und -kraft, die in die Arbeitsleistung einfließt. Haben wir das alles nur getan, um etwas darzustellen, um reich zu werden oder einen Sinn im Leben zu finden??? Definiert sich ein Mensch über seinen Gehaltszettel, oder besteht eine Angst vor Altersarmut? Ist jemand mit Dr.-Titel ein besseres Lebewesen und mehr wert als eine klassische Hausfrau, die sich um ihre Kinder kümmert? Wieso arbeitet der Mensch heute? Besteht die Arbeit aus dem, wofür man innerlich brennt? Hat man es vielleicht vergessen, wofür man „brennt", was Freude bereitet, sich damit abgefunden, wie es ist? Es machen ja viele/alle/die meisten so, es wird vielleicht erwartet,... . Nur von wem?

Streß, den wir uns selbst machen

Was kann das sein? Es handelt sich um Gedanken. Unsere Gedanken, ob bewußt oder unbewußt. Allerdings sind bewußte Gedanken besser, da wir sie in aller Präsenz wahrnehmen und daher bewußt verändern bzw. wandeln können.

Unbewußte Gedanken laufen permanent in unserem Alltag. Es sind unsere tief eingeprägten Glaubenssätze. Sie wirken auf unsere gesamten Bereiche: Körper, Geist und Seele. Sie erzeugen einen starken „Sekundären-Streß". Ich halte es für wichtig, den Mut zu finden, Dinge anzusprechen, zu klären:

Eine spirituelle (im Sinne von einem mehrdimensionalen Denken) Bewußtheit lehrt uns, die Achtsamkeit unserer Gedanken.

Glaube stärkt etwas in uns, was uns Halt gibt, und Streß wird sich weniger schnell entfalten können. Das heißt auch, die Einstellungen zum Leben spielen eine Rolle in der Anfälligkeit von Streß (-symptomen). Daher sehe ich in der folgenden Eigenarbeit eine Art der Gesundheitsvorsorge: Machen Sie sich Ihrer Glaubenssätze und Ihrer Einstellung zu Situationen bewußt. So entwickeln Sie eine Möglichkeit, um unnötigen Streß vorzubeugen.

An dieser Stelle halte ich es für passend, auf etwas aufmerksam zu machen, was zu 100 % in unserer Hand liegt. Es betrifft den Umgang mit unseren Mitmenschen, dem System in dem wir leben. Stört Sie etwas in der Politik? Wieso sagen Sie es nur ihrem Nachbarn – sofern er keine politische Position ausübt? Lamentieren Sie ständig über Dritte, statt direkt sich an die Menschen zu wenden, die es betrifft, die die Möglichkeit haben, etwas zu ändern? Ziehen Sie die Verbreitung von schlechter Laune (Emotionssmog) und dem daraus entstehenden sinnlosen Streß der Klarheit, Ehrlichkeit und Lösungsbereitschaft vor. Verstecken Sie sich lieber hinter einer Opferrolle, auch wenn Sie etwas verändern könnten? Wieso tun Sie das? Sie haben es vielleicht nicht anders gelernt.

Ich möchte Sie ermutigen, Konflikte direkt zu lösen, statt nur hinterrücks zu lästern, zu intrigieren und andere schlecht zu machen. Das beinhaltet natürlich auch eine liebevolle, ehrliche Selbstanalyse (sich fragen: „Was ist mein Anteil an dieser Situation?"). Sie sind das Vorbild für Ihre Kinder. Von Ihnen wird in erster Linie Ihr Schützling lernen, mit der Welt zu interagieren; wenn Sie der Nachbar nervt - Sie schimpfen ständig innerhalb der Familie über ihn. Wenn Sie ihm aber persönlich begegnen, begrüßen Sie ihn überfreundlich und zwingen ihm und sich einen „netten Plausch" auf. Das ist nicht ehrlich, ich würde es fast schon als schizophren bezeichnen. Eine Scheinfreundlichkeit – womöglich noch mit einer Umarmung – ist kein Fundament für ein gesundes Miteinander.

Haben Sie ein Problem mit dem Nachbarn, suchen Sie das Gespräch, versuchen Sie zu benennen, was Ihr Thema ist, daß Sie mit ihm, seiner Art nicht umgehen können, sich überfordert fühlen. Dazu ist es aber erst einmal wichtig, daß es Ihnen bewußt wird, was es genau ist: gekränktes Ego, Ängste, Stolz und Minderwertigkeitsgefühle. Oft kann es sein, das allein diese Fragen in uns eine Veränderung hervorrufen, und die Probleme sich quasi in Luft auflösen. Es schafft eine Basis, aus der heraus sich die äußere Welt wie von selbst verändert. Der Grund ist die Klärung in uns. Wir müssen nicht mit jedem gut auskommen, Freund sein. Aber ein würdiger Umgang, ein respektvolles Miteinander in Übereinstimmung mit dem, was wir denken bzw. unserer Art entspricht und wir das nach außen tragen, ist notwendig. Sicherlich fühlt man sich nicht immer nach tiefgründig, klärenden Gesprächen. In solchen Momenten kann ein oberflächlicher Plausch angemessen sein. Jedoch ist es in so einem Begegnungsmoment wie gesagt fair, authentisch zu sein, frei von überschwänglichen Schmeicheleien.

Sollte dieser Nachbar allerdings als unguter und streitsüchtiger Geselle auffallen, schützen Sie sich vor ihm am Besten mit ausreichend Abstand und verlieren Sie keine weiteren Gedanken an ihn. Es gibt derartige Lebewesen, von denen keinerlei Freundlichkeit und Menschlichkeit zu erwarten ist. Ertappen Sie sich, wie Sie bei solchen Begegnungen dennoch bemüht sind, sich angemessen und respektvoll zu verhalten, spricht es für Ihren guten Charakter und Stärke, vielleicht auch Hoffnung auf eine Verbesserung im Zwischenmenschlichen. Auch wenn dies manchmal völlig vergeblich scheint, so beweisen Sie aber gleichzeitig ein anderes Niveau.

Der Mensch lernt unter anderem am Modell (so findet man es in der Psychologie erklärt). Für Ihr Kind sind Sie ein Modell/Vorbild. Vielleicht hatten Sie selbst schon keine Eltern, die das vorgelebt haben. Doch sind Sie nun erwachsen und für sich und ggf. für Ihre Kinder verantwortlich. Im Kindesalter ist es leichter, ein neues Verhalten zu verankern. Aber auch ein

Erwachsener kann wieder zu einen ehrlichen Umgang finden. Ich wünsche mir jedenfalls auch, authentisch behandelt zu werden. So weiß man, woran man ist und vermeidet innere Anspannung, d.h. Streß, mit dem ich sowohl mich und zusätzlich mein Umfeld vergifte.

Streßabbaumöglichkeiten

Über dieses Thema existiert reichlich hilfreiche Literatur. Daher gebe ich auch hier nur Überbegriffe, die eine Möglichkeit bieten, in akuten Streßzeiten eine Entlastung zu finden. Entspannungstechniken: Progressive Muskelentspannung, Mediation, Autogenes Training, Visualisierung, Körperpräsenz, Körperbewegung (Sport, Qi-Gong, Tai-Chi, Naturspaziergänge) sowie bestimmte Atemtechniken. Nicht alle Techniken sind für jeden gleichermaßen geeignet.

Entspannung ist ein Zustand. Er kann nicht erzwungen werden (wie das Einschlafen) – wenngleich Schlafen den Körper zu entspannen vermag. Bewußte Entspannung hat aber weniger mit Schlafen oder Dösen zu tun. Entspannung zielt viel mehr auf die Sensibilisierung der Körperwahrnehmung, beginnend mit der Präsenz für die aktuellen physiologischen und psychischen Zustände.

Viele Menschen kennen nur noch das Gefühl von Anspannung. Im Fluß des Lebens existieren drei Bereiche: „Anspannen – Raum geben – Entspannen". Es ist bereits bekannt, ein Zuviel von „Anspannung" verursacht Burnout. Jemand, der bereits länger an seinem Leistungslimit ist, zeigt meist eine eigene Verhinderung von Entspannung. Sein Laufrad (Hamsterrad) wirkt so sicher vertraut und gewohnt. Daher wird er folgende selbsternannten Verhinderungsbegründungen für Ruhe aufführen:

* Die Reaktion Dritter (was sagt mein Boss, wenn ich jetzt „Schwäche" zeige?)

* Keine Zeit zum Entspannen,

* Motivation fehlt

* Innere Unruhe (d.h.. sucht automatisch nach sinnlosen Beschäftigungen, bloß um nicht zur Ruhe zu kommen)

Gebet

Ich meine hier nicht die Mitgliedschaft in einer Institution. Ich meine die persönliche Einstellung und Kontaktaufnahme zu einer gütigen und liebevollen Schöpferkraft. Streß können wir auf verschiedene Weise abbauen und vorbeugen. Dazu eignet sich der Glaube an die Christusenergie eine übergeordnete

Kraft/ einen Schöpfer, etc. Wenn jemand einen Glauben hat, wird ihm das Beten eine vertraute Handlung sein. Es konnte wissenschaftlich nachgewiesen werden:

Gebete erhöhen Dopaminausschüttung und reduzieren Ängste. Wir können für uns und unsere Lieben (Kinder, Eltern) beten, Menschen, die uns am Herzen liegen – um die man sich sorgt. Bei denen, für die gebetet wird, und auch für die, die selber beten, kann es Ruhe erzeugen. Mit der Folge: die Entstressung entspannt! Es spielt keine Rolle, ob derjenige für den man betet glaubt. Beten ist religionsunabhängig. Es ist eine Praktik, die bei allen Problemen anwendbar ist.

Zudem gelingt es leichter in einem Gebet über das Benennen eines Themas/Problems Abstand zugewinnen. Es kann zusätzlich wie ein „Überdruckventil" für angestaute Emotionen wirken.

Atmung

Die Atmung ist ein Akt, der im Alltagsgeschehen weitestgehend unbeachtet wird. Dieser Vorgang geschieht automatisch. So nehmen es jedenfalls viele Menschen wahr.

Ist das Lebewesen in einem Streßmodus, wirkt sich dieser auf unsere Atemfrequenz aus: kurze und eher flache Atemzüge. Schnell gerät der Betroffene so in einen Extremmodus, in die bekannte Hyperventilation. Machen wir uns die Bedeutung des Atems bewußt, erkennen wir, in unserer Kultur wird er völlig unterschätzt. In anderen Kulturen existieren sehr alte Praktiken rund um den Atem.

Bereits seit Jahren wächst diese Erkenntnis und dringt in das Bewußtsein vieler Menschen ein. Es zeigt sich so in der Bevölkerung eine Bereitschaft, sich mit der Bedeutung zu beschäftigen. Schließlich ist, jeder in der Lage, seine Atmung aktiv zu beeinflussen, daher bewußt auf den Körper, seine Entgiftungsprozesse und Entspannungszustände Einfluß zu nehmen. Die „Atmung" haben wir immer „dabei", solange wir uns in unserem Körper befinden. Daher wäre es unklug, dieses besondere „Instrument" nicht zum eigenen Wohl einzusetzen; sich damit zu beschäftigen, lohnt sich!

Schlaf

Jedem ist sicher bekannt, dass sich mit ausreichend Schlaf die Körpersysteme erholen können. Schlaf ist aber nicht gleich Schlaf. Der Schlaf mit Hilfe einer Tablette wirkt anders auf den Körper, als ein natürlicher Schlafprozeß. Für einen natürlichen und gesunden Schlaf ist es entscheidend, die angemessene Voraussetzungen zu schaffen. Was meine ich damit? Neben einem passenden Bett (Matratzenstärke, Kopfkissen), angenehmer atmungsaktiver Bettwäsche, der angemessenen Raumtemperatur und Luftzufuhr, sind die Lichtverhältnisse ausschlaggebend. Genauer gesagt: Der Raum, in dem ich schlafe, muß beim Ruheprozeß dunkel sein. Das bedeutet bei vielen einen Konflikt, aufgrund derzeit in Mode gekommener Schaufenstermentalität in Wohnräumen: Möglichst keine Gardinen, leuchtende Elektrogeräte. Ein zu heller Schlafraum in der Nacht, kann ein Problem für den Organismus darstellen. Forschungsergebnisse bewiesen diesbezüglich folgendes:

Der Körper braucht für die Vorgänge eines gesunden Schlafprozesses Melatonin. Diesen Stoff kann der Organismus normalerweise selbst im Gehirn (Zirbeldrüse) bilden; aber eben nur in der Dunkelheit. Je dunkler desto besser. Daher liegt es an jedem Einzelnen, wie er in diesem Bereich für sich sorgt.

Gerade zu diesem Thema erscheinen seit Jahren immer mehr und mehr interessante Studien und Forschungsberichte (Melatonin, Zirbeldrüse, Verkalkung und Ursache der Zirbeldrüse, Schlafprozesse).

Ich biete mit meinem Büchlein nur eine Übersicht verschiedener Faktoren und kann empfehlen, sich etwas mehr damit zu beschäftigen, sofern Ihnen diese Informationen nicht schon geläufig sind.

Es lohnt sich wirklich, etwas tiefer in diesen Bereich einzutauchen zu forschen uns bewußt auf seine Erfahrungen zu achten.

4. Kinder im Streß

Grundthemen und Bedeutungen

Die Kinder sind nicht wirklich von den Erwachsenen zu trennen. Allerdings tragen die Erwachsenen die Verantwortung für
sie. Viele Eltern haben sich aus ihrer Kindheit bereits an so einige unnötige Streßsoren gewöhnt. Sie blenden Störfelder aus
oder kompensieren sie und übertragen dies unbewußt auf ihre
Nachkommen. Daher habe ich mich entschieden, einen kleinen gesonderten Ausflug für die Schützlinge zu unternehmen.
Vielleicht beinhaltet dieser Exkurs für Sie (Ihr inneres Kind)
eine Hilfestellung bzw. eine Förderung Ihrer Bewußtheit? Jeder
Mensch hat täglich die Möglichkeit, auf sein Leben einzuwirken. Mein Ziel ist es, mittels dieser Anregungen Entspannung,
Gesundheit und Sinnerfüllung in Ihrem Leben die Türen öffnen
zu können.

Kinder geben klare Signale, wenn ihnen etwas zu viel ist, d.h.
wenn sie unter Streß stehen. Allerdings sind sie noch nicht in
der Lage, das zu verbalisieren.

Kinder, die aufgrund verschiedener Faktoren permanent subtil
Streßsoren ausgesetzt sind, können sogenannte Auffälligkei-
ten entwickeln (Unruhe, Reizbarkeit, Hyperaktivität, Zurückge-
zogenheit bis hin zur Abkapselung)

Dann fragen Sie sich am besten: Wieso ist mein Kind so unruhig? Wieso ist mein Kind so still? Wieso hat es Schulprobleme, obwohl es „normal" ist? Fallen mir Zusammenhänge zwischen der Reaktion des Kindes und vorangegangenen Situationen auf?

Wichtig ist auch, dem Kind Zeit zu widmen, in der es seine Nöte, Ängste, Wünsche ohne Unterbrechung verbalisieren kann und sich ernst genommen fühlt. Zudem empfiehlt es sich, dem Kind den „Raum" der eigenen Entfaltung zu öffnen, frei von den Erwartungen, Druck, Vorstellungen der Erwachsenen, was es denn in seinem Leben als Ziel verfolgen sollte, in welche „Schablone" es passen muß.

Es geht darum, die Hintergründe zu erkennen, um das Verhalten des Kindes zu verstehen und dann Lösungen zu finden, bestenfalls gemeinsam mit dem Kind!

Umfeld – Auflösung des Streß-Karussells

Streß löst Reaktionen aus, deren Folgen bekanntlich unangenehme Situationen nach sich ziehen. Diese erzeugen in einer weiteren Ebene Streß, der mit der entsprechenden Reaktion spürbare Ereignisse hervorbringen wird – das klassische Streß-Karussel. Nehmen wir Eltern, die ihre unversöhnliche „Streitsucht" in Gegenwart der Kinder ausleben, in voller Lautstärke und allem, was man mit diesen Turbulenzen in Verbindung bringt. Das Kind ist Tag für Tag diesen Frequenzen ausgesetzt. Die Anspannung, der durch die Streitigkeiten der Eltern erzeugt wird, überträgt sich unvermeidlich auf das Kind. Der Nachwuchs ist – wie bereits erwähnt – viel sensibler, und viele Kinder sehen sich – fälschlicherweise – als Ursache dieser Konflikte. Unser Schützling liebt seine Eltern und würde alles tun, um Lösungen/Linderung dieser Konflikte zu schaffen und ist mit solchen Situationen gleichzeitig völlig überfordert von dieser Verantwortungsübernahme (im Extremfall entwickelt es sich bis hin zur Parentifizierung, was einem emotionalen Mißbrauch gleicht). Hierzu bestehen bereits recht interessante Forschungsergebnisse, die diese inneren Mechanismen der Kinder aufzeigen, daher führe ich es an dieser Stelle nicht weiter aus.

Nun, jede dieser Streitigkeiten erzeugt somit ein großes Streßlevel bei den Kleinsten in der Familie. Die Folge: Streßreaktionen finden sichtbar und unsichtbar statt. Diese bleiben meist unbemerkt von den „Streithähnen", den Eltern. Spätestens, wenn die schulische Leistung als mangelhaft auf dem Zeugnis zum Ausdruck kommt, entsteht ein sichtbares Problem. Meist führt dies wieder zu Druck und Streit innerhalb der Erziehungsberechtigten. So potenziert sich wiederum das Streßniveau für den Zögling. Wie das weitergehen kann, ist für den Leser sicherlich offensichtlich - ein Teufelskreis.

Damit ein Mensch etwas auflösen kann, muß er zuerst wissen:

1. was ist Ursache und

2. wie ist die Wirkung.

Besonders problematische Streßlevel können von Eltern bzw. Erziehungsberechtigten erzeugt werden, verwickeln sie ihre Sprößlinge in Interessenskonflikte. Hierzu führe ich ein paar Beispiele von weiteren massiven Streßsoren auf:

* Allgemeine Scheidung der Eltern, in denen keine offene liebevolle Kommunikation stattfindet. (z.B. dem Kind nicht vermittelt wird, es wird trotzdem noch von Beiden geliebt, auch wenn die Eltern nicht mehr zusammen sind und das Kind nichts dafür kann, daß die Eltern jetzt auseinandergehen)

* D.h. spielt der eine Partner den anderen aus, wenn die Eltern sich im Scheidungsprozeß befinden.

* Großeltern, ernannte Erziehungsberechtigte intrigieren gegen die Eltern ihres Enkels, des Kindes.

* Verheimlichungen (Wer der leibliche Vater, Mutter ist)

* Süchte der Eltern

* Widersprüchlichkeiten in den Familienregeln

* Lügengebilde

* Mangelnde Verlässlichkeit

* Technik-Fokussierung (über Mobilfunkgeräte etc.) der Eltern,
was vielfach mangelnde Präsenz gegenüber dem Kind (seinen
Fragen, Belangen) zeigt.

* Sieht ein Alleinerziehender das Kind als Partnerersatz

* Forderung einer Überselbstständigkeit

* Einengung, Überbehütung

* Leistungsdruck

* Erwartungshaltung der Erziehungsberechtigten

* Manipulation der Kinder

* Häufige Schulwechsel

* Mobbing von Schulkameraden, Gleichaltrigen

* Häufige Umzüge

* Armut

* Gewalt (physische und psychische)

* Mißbrauch (physischer und psychischer)

* Desinteresse

* Todesfälle

Diese Liste dient nur als grober Überblick, mit unterschiedlicher Intensität der Streßerzeugung. Einige dieser Aspekte hinterlassen mehr als nur Streßreaktionen in der kindlichen Seele. Diese teilweise schrecklichen Erfahrungen sollte jedem Kind auf der Welt in Zukunft erspart bleiben.

Achten Sie daher immer auf die Signale von Kindern. Verhält es sich auf einmal anders als „normal", zeigt es Distanziertheit gegenüber Bekannten, Verwandten. Gehen Sie offen und fair als Eltern mit Ihren Problemen um. Benutzen Sie Ihr Kind aber nicht als „Klagemauer", damit es Ihnen besser geht. Sie tragen die Verantwortung für sich selbst und Ihren Schützling. An Ihren Problemen können nur Sie etwas ändern. Daher beobachten Sie bewußt, wenn Sie Verantwortung auf die Jüngsten abwälzen wollen. Sie sind in der Lage, sich anderweitig Hilfe zu suchen.

Sicherlich sollten die Kinder ebensowenig in Watte gepackt werden, oder Herausforderungen überspielt bzw. davon abgelenkt werden, um alle Probleme von ihnen fernzuhalten.

Ihr Kind wird Ihr Verhalten im Umgang mit Sorgen, Problemen abspeichern, da Sie sein Vorbild sind. Über Sie kann es lernen, wie man angemessen mit Problemen umgehen kann. Kinder spüren mehr als der Erwachsene oftmals annimmt. Sie nehmen Lügen wahr, können allerdings damit nicht umgehen, geschweige denn, sie als solche benennen. Daher hilft Ehrlichkeit, Offenheit, authentisches und verantwortliches Handeln. Eine Achtsamkeit, die auf Ethik, Moral- und Wertevorstellung (Tugenden) fußt, hilft allen Beteiligten. Ich erinnere Sie daher nochmals daran, Sie sind das Vorbild für Ihr Kind, ob Sie es wollen oder nicht!

Eltern, die ihre eigenen in der Kindheit erfahrenen Wunden verdrängen und übergehen, tragen diese meist noch in sich. Meist sitzen sie tief im Unterbewußtsein begraben. So werden verletzende und stressende Verhaltensweisen vielfach unbewußt an die nächste Generation weitergegeben. Meist nicht aus böser Absicht. Jeder Mensch nimmt etwas aus seiner Kindheit mit, was ihn „geschliffen" hat bzw. in späteren Jahren, an ihm „nagt". So wie wir aufwachsen, denken wir, ist die Welt und verhalten uns entsprechend daran angepaßt. Nicht wissend, daß viele Möglichkeiten bestehen, auf gesunde, reife und verantwortliche Weise mit einer nicht so einfachen Situation umzugehen.

Eine Bewußtwerdung mit Hilfe von Ehrlichkeit – ohne Verurteilung – sich selbst gegenüber und allen Beteiligten und schließlich dem Verzeihen (können), ist ein wichtiger und befreiender Schritt, um sich von diesen Fesseln lösen zu können. Somit befreit sich jemand nicht nur selbst, sondern bietet seinen Nachkommen das Fundament für ein gesünderes und stressfreieres Leben.

Modell

Vor einigen Jahren erstellten mein Mann und ich ein „Modell", das ich aufgrund dieses Themas als sinnvoll erachte, es hier kurz aufzuführen. Für Eltern, die einen blockierten bzw. zu geringen Zugang zu Ihrer eigenen Intuition haben, könnte der eine oder andere Aspekt eine Hilfe darstellen. Einige Bereiche kommen Ihnen vertraut vor, wenn Sie die ersten Kapitel bereits gelesen haben.

Es beinhaltet ein Gefüge, das den Anwender auf einwirkende Faktoren hinweist, sie erkennen läßt und Sie bei der Lösungsfindung unterstützten möge:

Grundthemen und Bedeutungen

1. Überlegung: WAS ich zu mir nehme/WAS mich umgibt: Zusatzstoffe in der Ernährung und sonstige äußere Einflüsse (Chemie in Waschmitteln, Kosmetik)

Fragen: „Was esse ich? Nährt mich das, was ich esse, wie geht es mir damit/danach? Wie gehe ich mit Essen um, wann habe ich den größten Appetit? Entdecke ich einen Zusammenhang zwischen der Lust auf eine bestimmte Speise und Erlebnissen?"

Ernährung

Viele „Eßstörungen" bzw. ungesunde Eßgewohnheiten werden aufgrund heftiger Emotionen sowie der Befriedigung von Gelüsten nach bestimmten Nahrungsmitteln hervorgerufen. Die Steuerung dieser „Lust" erfolgt über die Serotoninproduktion, ein Ungleichgewicht liefert die Voraussetzung dafür.

Anmerkung: Manche Gelüste vorwiegend auf Süßes bzw. Zucker können über biochemische Vorgänge zudem von parasitären Lebewesen, wie Candida Albican ausgelöst werden. Parasiten - so wurde beobachtet - können sich leichter in einem geschwächten Körper/Organismus ausbreiten.

Die Folge: Ein Kind verspürt ein unbändiges, gesteigertes Verlangen nach Kohlenhydraten (Zucker). Dem nachzukommen, fühlt sich im ersten Moment an wie eine Art Medizin. Betroffene neigen „unbewusst" dazu, den verminderten Serotoninspiegel mit zuckerhaltigem– oder fett- und kohlehydratreichem Essen auszugleichen.

Die Folge solcher Speisen können sich beispielsweise ausdrücken in: körperlicher Trägheit, unkontrollierbaren Gedanken, die starke Emotionen entfachen, d.h. es stellt sich eine erhöhte Kopfbeanspruchung ein, die streßerzeugende Reaktionen nach sich ziehen. Besteht zudem eine körperliche Unausgeglichenheit aufgrund mangelnder Bewegung und vieler (negativer) Gedanken, generieren sich Sorgen, Ängste. Diese können vor dem Einschlafen abhalten. Schlafprobleme erhöhen wiederum den Streßpegel, der kompensiert werden will. Womit? Mit Lust auf Kohlenhydrate. Ein Kreislauf ist entstanden. Es geht nun darum, diesen Mechanismus zu durchbrechen. Zucker, Schokolade (wegen des Kakao-Gehalts), koffeinhaltige Limonaden, Kohlensäure, künstliche Süßstoffe und Johannisbrotmehl. Derartige Stoffe wirken teilweise störend auf die Schlafmuster und erhöhen somit die Streßfaktoren des Nervensystems.

Einige Schadstoffe, die ähnliche Wirkungen zeigen, sind nicht nur in den meisten Fertiggerichten enthalten (Nitrate, Glutamat, Aromastoffe, Farbstoffe, Konservierungsstoffe, GMO-Ware - besonders in Soja und Maisprodukten-; Hormone/Pestizide: in Fleisch, Geflügel, Wurstwaren und Fisch. Es sollte auch auf die Herkunft der Milchprodukte und Eier geachtet werden. Über dieses Thema existiert, wie bereits an anderer Stelle erwähnt, reichlich seriöse Literatur.

Zusammenfassend: So ein kleiner Organismus ist damit beschäftigt zu wachsen, sich aufzubauen. Lebensmittel erzeugen die Bausteine dafür. Chemische Zusatzstoffe sind eher belastend. Der Körper wird so zusätzlich Energie aufwenden müssen, um mit „Giften" umzugehen. Das erzeugt auf Zellebene Streß. Die Energie indessen für die natürlichen Wachstums- und Entwicklungsprozesse (psychisch und physisch) fehlt.

Kleidung

Einige sensible Kinder mögen keine Kunstfasern, entwickeln eine Abneigung gegen alles Unnatürliche. Dem sollte man nachkommen und entsprechende natürliche Materialien bevorzugen. Weiterhin ist die Farbe einflußnehmend (welche Farben, welche Intensität und wie viel verschiedene Farben, die auf das Nervensystem des Kindes einwirken). Das betrifft besonders die oft viel zu bunte Bettwäsche. Es findet eine permanente Reizüberflutung statt, da Farbtöne stark stimulieren (Kinderbettwäsche von bekannten Pseudoidolen d.h. „Super-Helden" meiden, da die ganzen Geschichten für das Kind damit verbunden sind und auf diese Weise unbewußt aktiv gehalten werden.).

Auf Bleichmittel, Weichspüler, synthetische Duftstoffe verzichten, vermehrt biologische Waschmittel, Reinigungsmittel verwenden. Über die Haut ist der Körper in der Lage, Stoffe aufzunehmen, die den kleinen Organismus zusätzlich belasten und negativ beeinflussen, das betrifft auch die Aufnahme der chemischen Substanzen aus Textilfarben und Appreturen.

Das betrifft genauso die kosmetischen Produkte. Überlegen Sie, was ist wirklich notwendig für Ihr Kind. Entspricht die Kleidung der Modeanspruchserfüllung oder darf Ihr Kind noch einen eigenen Geschmack entwickeln, bzw. haben die Eltern noch eigene Vorlieben für Kleidung, unabhängig von „Modevorgaben" und Gruppenzwang.

Technik und Gesundheit

Strahlenbelastung aufgrund unserer derzeitigen technischen Geräte wirken nicht nur auf unsere Kinder streßfördernd. Auch wenn die Strahlung unsichtbar ist, so zeigt sie ihre Wirkung (sonst könnten wir sie ja auch nicht erfolgreich nutzen). Hierzu existieren aufschlußreiche Studien. Daher gehören in ein Schlafzimmer weder Fernseher, noch PC, schnurloses Telefon, Mobilfunk, geschweige denn die Ladestation für jene Geräte.

Spielsachen

Prüfen Sie aus welchen Materialien die Spielsachen bestehen? Welche Menge Spielzeug füllt das Zimmer? Wie bunt ist es im Kinderzimmer, welche Farben dominieren? Welche Art von Spielzeug gibt es überwiegend – kann das Kind damit seine Kreativität entwickeln/ausleben, oder sind es eher fixe und statische Objekte, dafür aber viele davon?

Wieso ist das wichtig? Bei einem Kind, das permanent vorgegebene Reize erhält, erhöht sich das Streßparameter. Wieso?

Das Kind kann sich nicht mehr nach seinen Möglichkeiten entfalten. Es muß sich in etwas Starres einfügen. Eigenes Denken
erhält so keine Förderung – wird unterdrückt.

Musik

Sie ist ein starker Einflußfaktor. Dieser kann förderlich für die
Entwicklung des Kindes genutzt werden, oder auch im Gegen-
teil: einen permanenten unbewußten Streßfaktor darstellen.
Das betrifft die Lautstärke, baßlastige SchlagzeugBeats, die
Musiktexte und die Hertz-Zahl der Musik.

Licht

Die Beleuchtung nimmt einen permanenten Einfluß auf uns
und unser Kind. Ich rate davon ab, abends blaulastiges Licht
anzuschalten. Es aktiviert Erwachsene, und noch mehr auch
das Kind. Um diese späte Zeit ist eher rötliches Licht beruhi-
gend. Daher ist abendliche Bildschirmarbeit ungeeignet für die
Förderung des Einschlafprozesses. Das bedeutet somit, der
Entstehung von Streß kann mit der entsprechenden Beleuchtung vorgebeugt werden.

Auf diesem Gebiet finden Sie gleichfalls Studien, die es sich
näher anzusehen lohnt.

2. ...WIE gehe ich um:

... mit Wut, Traurigkeit, Angst, Ärger,....

Zuerst: Gestatte ich dem Kind die Emotion wahrzunehmen, helfe ich ihm, sie benennen zu können? Helfe ich den Kindern, selbst Lösungen zu finden?

Wird diese Art der – angestauten - Kraft kanalisiert (Tai Chi, Chi Gong, Meditation, Bewegung/ Laufen in der Natur) oder eher versucht, sie zu unterdrücken. Was meinen Sie, was erzeugt langfristig mehr Streß?

Fragen: „Weiß ich, wie und wo ich meine Kraft hinlenke? Habe ich Ziele? Weiß ich, wie die ersten Schritte zu meinem Ziel sind?"

Viele Kinder merken schneller als Erwachsene, wenn sie sich körperlich oder emotional unwohl fühlen. Sie wissen ganz genau, wann sie „daneben" sind. Kinder bzw. Jugendliche, die den Umgang mit ihren Emotionen, mit Streß und dessen Ursachen nicht gelernt haben, versuchen diesen oft mit unkontrollierter Wut, Essen, Trinken, Drogen, Rauchen, Konsum, Internet-Surfen, Videospielen, zwanghaftem Fernsehkonsum zu unterdrücken. Diese Kompensationen verbessern scheinbar anfänglich ihre Stimmung. Der Grund: Derartige Aktivitäten neh-

men Einfuß auf die Hirnchemie. Allerdings folgt nach der Überlagerung, die als eine Hochphase empfunden wird, unweiger-
lich das niederschmetternde Tief. Dieses verlangt leider erneut
eine - wie gewohnt - Kompensation.

Oft hilft bereits Bewegung bei Streßzuständen bzw. ungesunden Emotionen. Aggression kann über die Bewegung (eine
Sportart, die dem Kind Freude bereitet) kanalisiert werden und
baut sich so auf gesunde Weise ab. Das Körpergefühl wird gestärkt. Das ist die Grundlage für ein gestärktes Selbstvertrau-
en, das das Gemüt erhellt. Der Streß ist rascher abgebaut.

Sollte Ihr Kind Streß beim Lernen entwickeln, analysieren Sie,
auf welche Weise Ihr Kind leichter lernt. Vermeiden Sie die
Worte „du mußt". So wird unnötig ein Druck, ein Gefühl von
Zwang erzeugt, der eine Abwehrreaktion oder Gegendruck
auslösen kann.

Manche Kinder verfügen über ein fotografisches Gedächtnis.
Daher können sie mit Worten weniger anfangen. Ihnen sollte
anfangs die Welt in Bildern verständlich gemacht werden. So
wird auf praktische Weise Streß und Angst vor dem Lernen
bzw. Versagen aufgelöst.

Schlaf:

Ausreichend Schlaf ist für Kinder elementar:

Bereits an anderer Stelle bin ich näher darauf eingegangen. Hier noch eine kleine Ergänzung:

Während der Traumphase (REM-Phase), produziert und speichert das menschliche Gehirn Serotonin (einen wichtigen chemischen Stoff im Gehirn, der Stimmung und Energielevel reguliert). Wird unser Schlaf durch Ängste, Sorgen oder Medikamente gestört, mangelt es uns an REM-Schlaf. Ohne diese Art von Schlaf sind wir beim Aufwachen benommen oder gereizt. Viele Kinder mit verminderten Serotoninwerten - so ist in mancher Literatur zu lesen - nässen ihr Bett ein: Auch eine signifikante Anzahl von Kindern mit sogenannten ADHS - heißt es in mancher Literatur - neigen zum Bettnässen.

3.   WO: Verbindung zum Göttlichen/Schöpfer/Quelle

Glaube, Gebet, Gottverbundenheit. Die Aufgaben im Leben können mit dieser Verbindung leichter gelebt werden. Glaube schenkt Halt und ist eine Wurzel für das Leben. Wurzeln sind der Halt, den – so glaube ich - jeder Mensch benötigt. Sie wirken sich stärkend auf Ihr Kind aus. Jeder Mensch kann mit starken inneren Wurzeln leichter mit stressigen Situationen umgehen. Dieses Thema ist sehr elementar. Man könnte darüber viel schreiben, doch jeder kann seine Antwort allein in sich finden. Aus diesem Grund halte ich es kurz.

Fragen dazu: „Wo komme ich her? Wo geht es hin? Gibt es mehr als nur das Sichtbare? Bin ich bereit, mich wieder daran zu erinnern?"

4. WER bin ich?

Eine wichtige Aufgabe der Erziehungsberechtigten ist, wenn dem Kind möglich wird, seine Gaben zu erkennen und es darin zu fördern, sie leben zu können. Es geht darum, die Talente des Kindes zu unterstützen, diesen Raum zu geben und nicht die Wünsche der Eltern durch das Kind zu erfüllen. Daher gilt es für Ihr Kind: z.B. Intelligenz und Kreativität fördern, zum Forschen, Kommunikation, Naturverbundenheit, Nächstenliebe, Wahrheitsliebe, oder etwas Positives in der Welt bewirken zu können)

Fragen dazu: „Worum geht es in meinem Leben? Das Kind darin unterstützen, daß es in seiner Entwicklung seinen individuellen und persönlichen Daseinszweck erkennen, sich „erinnern" und so sein Potential entfalten kann. Bestenfalls könnte die Schule ihren Beitrag dabei leisten. Was heißt das: Ich gehe davon aus, jeder Mensch ist mit der „göttlichen Kraft/Liebe" verbunden. Manche sagen dazu eine Verbindung zur Quelle, zum Schöpfer. Das übertragen Sie einfach auf Ihre persönliche Glaubensformulierung.

Mir geht es darum, daß jedes beseelte Lebewesen einem ganz persönlichen Daseinszweck nachgehen kann, der in den übergeordneten globalen Existenzraum eingebettet ist. Dieser ist unser individuelles Charakteristikum und drückt sich in unseren Wesenszügen aus, die wir im Leben ausarbeiten, schleifen, schulen, trainieren, fördern, stärken und ausleben können.

Mit dem Finden unseres Daseinszweckes löst sich das wohl vielen bekanntes Gefühl „sich im Kreis zu drehen" oder „in einer Sackgasse zu stecken" auf. Das heißt bestenfalls, statt Streß und Zukunftsangst entwickelt ein Kind sein Selbstvertrauen und inneres Wachstum.

5.   Verstehen und Achtsamkeit

Respekt meinem Gegenüber zu zollen ist eine essentielle Form im menschlichen Umgang sowie auch Zuneigung und Wohlwollen zeigen zu können. Die Basis dafür ist Selbstliebe. Das können am besten die Eltern vorleben. Was das heißt? Ein respektvoller Umgang verhindert Konflikte bzw. eröffnet Möglichkeiten, eventuelle Streitigkeiten auf gute Weise auch im Nachhinein zu lösen. Streß wird somit abgebaut bzw. vorgebeugt. Ziel: Die Kinder sind Lage, altersgemäße soziale Verantwortung zu übernehmen. Das eigenständige Erkennen: Wieso hat sich jemand oder - auch ich auf eine bestimmte Weise verhalten?

Des weiteren sind Fragen hilfreich: „Was sind meine Vorbilder? Helfen Sie mir? Was sind meine Werte? Wo steht das Außen als Vorbild? Weiß ich, was Tugenden sind, sind sie mir vermittelt worden?

6. Frei-Raum und Schutz-Raum

Es ist wichtig, dem Kind Freiraum zur Entfaltung und Rückzug zu ermöglichen. Dennoch braucht es gleichfalls Grenzen. In einer Zeit der scheinbaren Grenzenlosigkeit, werden vermehrt Bereiche des Anderen überschritten. Daher stellt ein Raum einen Rahmen dar, damit unser Schützling lernt, sich angemessen zu bewegen.

Das Kind lernt auf gesunde Weise, wo ist meine Grenze und die des Anderen. Es gilt, diese Barriere zu achten, dem Kind somit einen Schutzraum einräumen und diesen zu respektieren. Das daraus entstehende Gefühl von Vertrauen und Sicherheit entwickelt eine elementare Grundlage für das spätere Leben. Gerade diese Lebenseinstellung verringert langfristig ungesunden Streß.

Fragen: „Wird dieser „Raum" dem Kind von Außen eingeräumt und gibt ihn Ihr Kind sich selbst?"

7. Individuum

Kann ein junger Mensch sein Potential entfalten und seinen Fokus auf seine gesunde Entwicklung richten? Das bedeutet 1 - 6 können in ihrer Ganzheit zusammenwirken. Ist die Frage mit „ja" beantwortet: Wächst ein innerlich stabiler Mensch heran, der genau weiß, wo seine Grenzen sind, bewußt mit seinen Emotionen umgehen kann - statt sich zu betäuben - und verantwortungsbewußt in die Gesellschaft hineinwächst. Es entwickelt sich ein Individuum, welches in Eigenverantwortung sein Potential entfaltet und zum Ausdruck bringen kann. Auch Eltern sind Menschen mit guten und schlechten Tagen. Aus jedem passierten unabsichlichen Fehler kann man lernen. Diese „Fehler" können manchmal trotz bester Absicht geschehen. Mein Überblick dient als grobe Ausrichtung innerhalb unserer individuellen Möglichkeiten. Keiner muß perfekt sein, doch jeder kann wissen und sich bewußt sein, welches Ziel, welche Werte er anstrebt und auf welcher Motivation sein Handeln beruht.

Nachwort

„Der Tropfen, der das Faß zum Überlaufen hätte bringen können."

Lieber Leser, bestenfalls sind Sie nun motiviert, Ihr Streßkonto zu leeren und am Abend innerlich zu sich zu sagen: „Gott sei Dank, habe ich den Tropfen verhindert, der das Faß zum Überlaufen hätte bringen können."

Das Eine oder Andere mag leichter zu lesen sein, als es umzusetzen scheint. Doch glaube ich, oft stellen wir uns etwas nur so schwer vor. Wir selbst behindern uns in der Umsetzung durch unsere Vorstellungseingrenzung. Auch diesen Streß können wir vermeiden. Geben Sie Ihrer Fantasie freien Lauf und entdecken Sie neue Möglichkeiten. Wenn Sie auch keine Lösungen für die Wege dorthin finden, hilft immer noch eines sehr gut:

Stellen Sie sich selber im Endergebnis vor. (Dafür können Sie zuerst Kontakt zum Herzen aufnehmen, d.h. bevor Sie in die Vorstellung gehen - die Aufmerksamkeit ganz auf Ihr Herzzentrum zu richten – vielleicht atmen Sie dorthin oder fühlen Sie es einfach.)

Dann folgt das, was Sie sich als Endergebnis vorstellen wollen. In diesem Fall: wie Sie entspannt, in Freude, in Gesundheit und Zufriedenheit mit Ihren Lieben Ihren Alltag meistern. Spüren Sie einfach, wie sich das anfühlen würde, als wäre es bereits geschehen.

Wenn Sie jetzt gerade nicht wissen, wie sie so etwas fühlen können, so sagen sie innerlich „Ja - ich bin bereit, das (...) zu erleben und das mir Mögliche dafür zu tun. Ich öffne mich für passende Lösungen, auch wenn ich jetzt nicht weiß, wie sie aussehen sollen. Ich übernehme für mich und mein Leben die Verantwortung. Ich bin gewillt, es zu schaffen."

Wenn Sie das wahrnehmen können, kommt eine enorme Entspannung und Dankbarkeit zum Vorschein. Dieses Erlebnis sollten Sie so oft wie möglich in sich entstehen lassen. Beobachten Sie mit der Zeit (in Tagen, Wochen,...) – ohne Erwartung –, wie sich Ihre Welt verändert. Das betrifft Ihre eigenen Einstellungen und auch die äußeren sichtbaren Wirkungsbereiche.

Oder aber Sie erkennen ehrlich einen Mißerfolg an, nehmen Abstand dazu, atmen Sie bewußt ein und aus. Jetzt können Sie einen inneren Raum schaffen für etwas Besseres. Sie müssen keine Regie führen. Seien Sie offen für etwas Vollkommeneres. In diesem Sinn, mögen die erkannten Auswirkungen, Verarbeitung ihres früher völlig überlasteten Streß-/Sorgenkonto, Früchte für Sie tragen, die Ihnen gut bekommen.

Ich wünsche jedem Menschen, immer mehr **sein** Potential leben zu können, statt im Hamsterrad der Gefügigkeit sich von den eigenen Möglichkeiten immer mehr zu entfernen.

Bauen wir aus den Hamsterrädern der Vergangenheit Häuser für die Zukunft, oder verwenden sie als Brennholz zum Wärmen! So oder so ist ein Leben in eigener Kraft etwas Wunderbares und Liebenswertes, mit reifen und gesunden Früchten.

Verwenden wir daher das Wasser (Gefühle), damit unsere Früchte wachsen und gedeihen können, damit kein Tropfen das Faß mehr zum Überlaufen bringen kann.

Alles Gute beim Leeren Ihres „Streßkontos".

Portal zum Potential - Band III

„Potential Mensch"

Vorwort

In all den extremen Existenzphasen und Begegnungen in meinem Leben war ich bemüht, den Sinn meines Daseins zu erkennen.

Oftmals war ich enttäuscht von mir und meinen Misserfolgen, so manchen Kontakten, Begegnungen und Erfahrungen. Am liebsten hätte ich mich versteckt oder wäre unsichtbar gewesen. Ich erkannte häufig so viele Gaben in meinen Mitmenschen, meine dagegen schienen mir wie eingemauert. Oft bestaunte ich die Fähigkeiten meines Gegenübers, wohl wissend, daß ich zu diesem Zeitpunkt das nicht so hätte meistern können. Bereits zu dieser Zeit erschienen meine Gaben für mich nicht mehr zugänglich, geschweige denn wußte ich, was sie sind. Woher kam meine Einschüchterung, fragte ich mich. Die Antworten zeigten sich mir durch die Beobachtungen vieler zwischenmenschlicher Begegnungen.

Ich kenne Menschen, die sehen das Potential ihres Gegenübers, erfreuen sich daran, möchten es eher fördern, geben diesem Raum zur weiteren Entfaltung und lassen sich davon inspirieren. Andere erlebte ich, die dazu neigen, chronisch Neid zu entwickeln. So konnte ich beobachten, neidvolle Mitmenschen erkennen sehr schnell das Potential eines Anderen.

So macht es den Anschein, außergewöhnliche Begabungen eines Mitmenschen bedeuten für sie selbst Gefahr und diese gilt es mit allen Möglichkeiten zu unterdrücken. Zuvor registrieren mißgünstige Menschen sehr schnell, wie ein Gegenüber etwas anders tun würde als sie es täten bzw. besser als sie sein könnte, oder schauen argwöhnisch auf außergewöhnlichen Besitz des Anderen. Immerzu im Vergleichsmodus - ob bewußt oder unbewußt – verläuft das menschliche Miteinander. Ein von Neid besessener Gesprächspartner produziert je nach Bewertungsergebnis eine Art Konkurrenzfeld. Von innen heraus kann das in ihm neiderfüllte Emotionen generieren, die überschwappen und so beispielsweise über sehr verletzend wirkende Bemerkungen zum Ausdruck gebracht werden. Das bedeutet, der Neider versucht etwas zu unterbinden, indem er den Anderen unterdrückt. Der Erfolg davon ist: der Andere scheint nun wieder kleiner als er und bedeutet somit für ihn keine Gefahr mehr. Die Begegnungen mit solchen Menschen überschatten natürlich den Augenblick einer Potentialentfaltung. Statt daß der Neider sein eigenes Potential fördert, nutzt er seine Energie dazu, die Talente des Anderen zu minimieren. Schließlich wird so die kostbare Frucht der gelebten Fähigkeiten und Begabungen vergiftet. Das betrifft sowohl das Potential des Menschen der Neid verspürt, als auch das jener Person, die vielleicht gerade eine geniale Idee in einem Gespräch mitteilte, für die sie aber nur abfällige Bemerkungen zu hören bekam.

Ich lernte irgendwann, in dem ich mich kleiner machte, mich zurück hielt und versteckte, kann ich bei niemandem diese Reaktion auslösen. So schien dies für mich eine Art Schutzraum zu sein. Leider tat mir dieser Mechanismus im Laufe der Zeit weniger gut. Er schwächte mich, und meine Potentiale zogen sich mehr und mehr zurück, die Mauern zu ihnen wuchsen. Nach vielen Jahren lernte ich schließlich, der Neid des Anderen ist nicht mein Problem. Ich erkannte in der Beschäftigung mit Narzissmus hilfreiche Antworten. So begann ich langsam und mühsam, die Mauern zu meinem Potential abzutragen. Das erfordert(e) Geduld, Selbstliebe und richtig viel Arbeit, mit der ich heute noch beschäftigt bin. Gleichzeitig weiß ich um meine Grenzen der Selbstaufgabe.

Ich kann verstehen, damals konnte ich nicht anders handeln. Im Laufe der Jahre hatten sich viele Mechanismen, die früher für mich vielleicht notwendig waren, tief eingegraben. Gut getarnt, erschienen sie als ein Teil von mir. Es fand eine Identifizierung mit ihnen statt, obwohl etwas in mir gewisse vertraute und hinderliche Verhaltensweisen als Fremdkörper wahrnahm. Diese wirkten auf mich wie toxische Verflechtungen, die innerlich nach Erlösung riefen. Ein Wirrwarr, dessen Anfang sich mir verbarg. Dieses einengende Netzwerk, meine Scheu vor Konflikten, mein geringes Selbstwertgefühl, die teilweise noch verschleierten Fähigkeiten, mangelnde Lebenserfahrung und immer den Blick darauf gerichtet zu halten, daß es dem Gegenüber gut geht, boten die Mischung, die mich diesen Mechanismus' „sich klein zu machen" als Notausgang wählen ließen.

Heute weiß ich mehr um meine trainingsbedürftigen Potentiale, ich kenne meine Grenzen und ich freue mich riesig, wenn jemand etwas kann, was mir nicht möglich ist. Immer noch „bewundere" ich viele Menschen. Manches was sie tun, scheint für mich wirklich wie ein „Wunder". Es ist für mich die Entdeckung des Wunders in ihrem Leben, das was sie fertiggebracht haben. Jeder Mensch kann so auf seine Weise die Welt bereichern und wir uns bestenfalls gegenseitig im Miteinander ergänzen.

Weder konnte ich einen Beruf als meine Berufung erkennen, noch erlangte ich einen Status (Doktortitel,...), doch erkannte ich etwas. In „vielen" Jahren meines Lebens, schien ich mehr oder weniger durch das Leben zu taumeln, geschubst zu werden von einer Erfahrung zur nächsten. Intensive Begegnungen mit Menschen und Situationen brachten Grenzerfahrungen mit sich. So lernte ich mich und meine Umgebung, „Freunde", Bekannte,... in ihrer Tiefe kennen.

Es sind viele Facetten, die jeder Mensch in sich trägt. Diese Bereiche sind für alle Richtungen nutzbar. Ich bezeichne es als Facetten des menschlichen Potentials. Eine kleine Zusammenstellung davon und deren Fundament teile ich mit Ihnen.

Viel Freude beim Sich-selbst-erkennen betrachten, erfahren, erforschen sowie ein stetig wachsendes Zutrauen in das individuelle Potential! Die Neugierde auf die eigenen Fähigkeiten ist ein Motor. Tauschen Sie jegliche (Ab-) Wertungsmechanismen um, in eine Portion Bereitschaft; liebevoll der individuellen Wahrheit entgegenzutreten.

Vielleicht gewinnen Sie noch ein Stück mehr Vertrauen in das, was Sie sind und in sich haben, was Sie leben, in den Mut, zu erkennen, was Sie - liebe Leserschaft - hier auf der Erde bereits zum Ausdruck bringen!

Das Geschlecht

Der Mensch ist in erster Linie Mensch, ein Individuum. Er sollte sich nicht über sein Geschlecht definieren müssen. Der Mensch als Lebewesen nimmt bewußten und unbewußten Einfluß auf seine Umwelt, sein Umfeld. Jeder hat seinen Platz, der zeitgleich mit Verantwortung gepaart ist, sowohl für sich als auch für seine Berührungsfelder.

Betrachten wir den Menschen genauer, gelangen wir sehr schnell klassisch zu zwei markanten „Varianten". Männer und Frauen! Nicht nur rein physisch gesehen ist das Geschlecht für mich eine bedeutende Grundausstattung. Die Geschlechtlichkeit unterliegt ihren ganz eigenen Körperprozessen, teilweise natürlich gesteuert über hormonelle Zusammenhänge. Eine Grundausstattung, die wir bekommen, wie eine Art Ausrüstung und so einen Rahmen für gewisse Erfahrungsmöglichkeiten bietet. Es würde von keinem Mann erwartet, er müsse ein Kind neun Monate im Bauch heranwachsen lassen und es gebären. So muß sich der Mann nicht mit dieser Erwartung beschäftigen. Er kann viel mehr sich selbst erforschen, welches Wunder in ihm liegt. So auch beim weiblichen Organismus, dessen natürliche Möglichkeiten die Frau im Laufe des Lebens entdecken kann. Daher gibt uns das Geschlecht in seiner Grundlage einen Raum incl. aller darin enthaltenen organischen Voraussetzungen, der uns ein bestimmtes Potential zur Verfügung stellt. Dazu hole ich noch etwas aus:

Der Mensch vermag es, selbst für seine Balance zu sorgen und sie aufrechtzuerhalten. Das menschliche Wesen ist in der Lage, bewußt auf das Gleichgewicht seines Gegenübers einzuwirken. Seine Körperfunktionen unterstützen es dabei. Es heißt, der Mensch symbolisiert einen Ausdruck von etwas Größerem. Er agiert in einem Lebensraum, einer Art „Matrix". Seine Fähigkeiten reichen aus, diesen zu erschaffen und sich darin zu bewegen.

Die humanoide Lebensform ist mehr als ihr Geschlecht. Das Geschlecht wirkt als Sicherung, eröffnet Verbindungen. Es gibt keinerlei Wertung von besser oder schlechter von Mann gegenüber Frau; denn es möchte weder die rechte noch die linke Körperseite als besser, hochwertiger, wichtiger betrachtet werden. Der Mensch in seinem Gesamtbild verfügt z.B. über Arme und Beine, einen Kopf, etc. die sich positionieren und im Miteinander als linke und rechte Körperseite ein stabiles Ganzes ergeben. Je nachdem, ob wir Links- oder Rechtshänder sind, trainieren wir die Körperhälften unterschiedlich, automatisieren sie, gewöhnen uns an bestimmte Zuverlässigkeiten. Weder die eine noch die andere ist im Grunde wichtiger oder gar vernachlässigbar. Beide Seiten sind nicht voneinander zu trennen.

Das Individuum entscheidet, welche Aufgaben es übernimmt oder ablehnt, aus welchen Gründen auch immer. Jeder einzelne Mensch trägt – wie bekannt - die Verantwortung für sich und das, was ihn umgibt. Je nach den Umständen gelingt es ihm mehr oder weniger, bewußt Einfluß auf kleine oder große Ereignisse, auf jeden Fall aber auf seine eigenen Prozesse zu nehmen. In der Natur finden wir die Zusammenhänge, aus denen wir erkennen und lernen können. Eine Sequenz ist ein Teil des „Ganzen". Sie ist in der Lage, das Ganze auszudrücken. Doch ein Teil ist nicht „das Ganze", wenn gleich dieser Teil das Ganze erhält und trägt.

In so mancher Kampfkunst/ -stilen wurden zuerst die Bewegungen von Tieren studiert bzw. für die Technik auf Abläufe menschlicher Zweikampfsituationen übertragen. Doch ein kluger Kämpfer wird deshalb nicht zum Tier. Worauf will ich hinaus?

Ein Lehrer muß beispielsweise nachvollziehbar und begeisterungsfähig Wissen vermitteln können; ein Heiler muß heilen können. Gleichzeitig sind Wissensansammlung und Menschenliebe Voraussetzungen. Wenn ein Mensch die „innere"

Ausrüstung für seine Lebensaufgabe hat, wird er sie praktizieren können, so daß weder er noch z.B. seine Schüler, der Patient, sein Umfeld, Schaden nehmen.

Man verfügt von Natur aus über mindestens eine Qualifikation, seinen Beruf auszuüben, ohne etwas Wichtiges von sich selbst aufzugeben oder zu unterdrücken. Jede Fähigkeit kann und sollte geschult, gepflegt und gereinigt werden von schädlichen Einflüssen, Erwartungen und Zwängen. Ein Mensch hat die äußere Ausrüstung (Körper und Geschlecht), um Leben in die Welt zu bringen.

Jedes Lebewesen hat mindestens eine „Begabung".

Es muß nicht jeder Mensch für Nachwuchs sorgen.

Es muß nicht jeder Mensch ein Lehrer sein und unterrichten.

Es muß nicht jeder Mensch ein Heiler für andere Menschen sein.

Es muß nicht jeder Mensch ein Künstler, Soldat, König, Priester,... sein.

Dennoch sind wir es alle auf irgendeine Weise.

Jeder hat seine (Haupt-) Aufgaben, seinen Platz und kann all das gezielt, verstärkt und bewußt zum Ausdruck bringen, für seine Entwicklung, Entfaltung, Vermehrung. Je nachdem, entscheidet jeder für sich, wieviel Raum er etwas geben möchte, gemäß seinen „Neigungen".

Mann und Frau ergänzen sich bestenfalls, ausgleichend und zugleich fördernd. Sie können sich im Gleichgewicht halten, jeder mit dem, was für ihn wichtig ist. Die „Grundeinstellung" beider Geschlechter ist in der Lage, sich gegenseitig das zu geben (über Intimität, Vertrauen, Liebe, Hingabe, Offenheit, Akzeptanz, Unterstützung, wohlwollende Ehrlichkeit, eine geschlechtstypische Frequenz/Fähigkeiten, Beständigkeit), mit den jeweiligen angeborenen natürlichen Voraussetzungen. Die Bereitschaft zum verantwortlichen Handeln ist jenes Fundament, das ein gegenseitiges Gedeihen ermöglicht.

Die Geschlechter vervollkommnen sich, bilden ein Ganzes, so wie rechte und linke Seite einen Körper ergeben. Das Ausmaß dieser Wirkung betrifft alle vorstellbaren Bereiche. Der Mensch ist meiner Meinung nach mehr als nur ein hormongesteuertes Säugetier.

Ich liebe die männlichen Eigenschaften. In meinem Leben gab es wunderbare Freundschaften zu Männern. Diese Verbindungen hatten nichts mit Sexualität zu tun. Man ist sich einfach als

„Mensch" begegnet. Manche Bekannte in meinem Umfeld wollten nicht glauben, daß so etwas möglich ist.

Es gab früher eine Zeit, in der ich lieber ein „Mann" gewesen wäre, da meine Bewunderung für dieses Geschlecht, seinen Qualitäten, sehr hoch war. Ich meine hier weniger das „Macho-" oder „Businessmanverhalten". Ein Mann in seinem Kraftpotential, d.h. in seiner kultivierten Urfrequenz, schafft es, ein ureigenes Feld zu erzeugen und gleichzeitig „nur" Mensch zu sein.

Die Weiblichkeit war für mich in der Vergangenheit eher eine Bürde. Es hieß, Frauen sind das „schwache Geschlecht". Daher assoziierte ich das Feminine mit „Wertlosigkeit", ein vorprogrammiertes Opfer. Doch liebte ich es, meine Kraft - in einer Art Wildheit - zu spüren und zu leben, weder wollte ich Täter noch Opfer sein. Im Laufe der Zeit konnte ich erkennen, daß alles gut so ist, wie es ist. Ich sehe in meiner Weiblichkeit ein Potential, das ich bisher noch nicht ausgeschöpft habe. Das ist weniger mit Kindergebären etc. verbunden. Genauso wenig meine ich das heute über die Medien vorgegebene Frauenbild. Es geht mir vielmehr um die Entwicklung der weiblichen Potentiale, die in unserer Gesellschaft verschüttet wurden. Zudem leben viele Frauen eher das Rollenbild eines Mannes, entsprechend der heutigen „modernen" Gesellschaft.

Die klassische Emanzipierung sehe ich als Bewegung, in der die Frau sich lediglich die Hülle der Männer überstülpt, in keinster Weise ihren natürlichen Fähigkeiten angemessen. Diese Bewegung führt für mich heute zu einer völligen Aufgabe des Weiblichen. Ein Kampf um Positionen, Status, der keine Gewinner hervorbringen kann. Beide Geschlechter stehen sich in einem unsinnigen Wettstreit gegenüber, statt sich in den verborgenen eigenen Stärken, ausgerichtet auf ihre Konstitution, nachhaltig zu fördern.

Somit können Mann und Frau sich gegenseitig in ihrem Potential verstärken oder bremsen, wenn etwas überhand nimmt. Dazu bedarf es eines inneren „Ja" und eine Wertschätzung für das, was der Mensch von Geburt an mitbringt. Jeder Mensch wächst in sein Geschlecht hinein. Es ist eine Erkundungsreise und Ausloten seiner physischen Fähigkeiten in aller Verantwortlichkeit sich selbst gegenüber. Nur weil z.B. der Beruf „Lehrer" in einer Zeit Mode ist und beworben wird, heißt es nicht, daß eine Ausbildung, Studium, etc., eine natürliche Begabung ersetzt. Erst, wenn jemand „Ja" zu seinem Potential sagt, vermag derjenige es zu seiner vollen Entfaltung zu bringen.

Daher erübrigt sich aus meiner Sicht die Frage, ob ein Geschlecht gewechselt werden kann, wie ein „Job".

Kreativität

Was ist Kreativität? Kreativität ist ein schöpferischer Ausdruck über das angelernte Wissen hinaus, die positive Neugierde und Freude am Gestalten. Wie bekommt man sie?

- Wo kommt sie her? Jeder Mensch hat sie, nur findet sie letztlich auf den individuellen Ebenen ihren Ausdruck. Sie tritt in Erscheinung, sobald sie gelebt werden kann, bzw. man sich dafür öffnet, innerlich „ja" zu sagen. Das nur als ein kleiner Anstoß zum „Wecken" der schlafenden Kraft.

Kann man sie vermehren? Kreativität ist eine Art Geschenk, das man pflegen kann. Sie vermehrt sich, in dem man sie lebt, offen dafür ist.

Wieso sind die einen Menschen kreativer als andere? Es ist offensichtlich, daß jeder Mensch kreativ sein kann. Manche Bereiche kommen sichtbarer zum Ausdruck. Einem bekannten Musiker gelingt es heute über die Medien, weltweit Menschen zu erreichen. So wird seine Kreativität sichtbarer, sie findet bei anderen Menschen ein Resonanzfeld. Der Künstler wird so als Begabter angesehen. Doch wie viele Künstler sind hochbegabt, vielleicht noch begnadeter in ihrem Schaffen, erhalten hingegen nicht die öffentliche Aufmerksamkeit und haben die entsprechenden Kontakte,... ?

Hierbei spielt zudem eine Rolle, was gerade angesagt ist, was der Trend ist. Das kann sich schnell ändern. Daher ist neben der Begabung bei den Künstlern Mut und Durchhaltevermögen vonnöten. Auch ein Mensch mit körperlicher Beeinträchtigung findet kreative Lösungen, um sein Leben zu meistern.

Kreativität hat etwas mit Kunst zu tun. Sie ist eine Kunst, die in das Leben einfließt. Ist das der Fall, spricht man von „Lebenskünstler". D.h. es gibt im Leben Zeiten, die schwer wirken. Für derartige Episoden paßt folgender Spruch: „Du kannst aus den Steinen, die Dir in den Weg gelegt werden, etwas Schönes bauen." Es ist nicht immer leicht. Doch wenn ein Mensch es schafft, einen kleinen Teil seiner schwierigen Lebenssituation zu meistern, erhält er eine andere Position bzw. Sichtweise und erzeugt Kraft. Aus diesem Feld heraus ist es möglich, über einen „Perspektivenwechsel", kreative Lösungen und Hilfen zu erschaffen.

In dem Moment, in dem ein Mensch beginnt, seiner eigenen Kreativität einen Ausdruck zu verleihen, hat das Vergleichen ein Ende. Im Laufe der Zeit beginnt mit dieser Lebenseinstellung erstaunlicherweise ein Miteinander, in dem alle Potentiale Ihren Platz einnehmen können, wie in einem Uhrwerk - präzise in seiner Ordnung. Letztlich ermöglicht das, das Beste zum Vorschein zu bringen, innerhalb des Prozesses der natürlichen

Weiterentwicklung. Eine solche mehrdimensionale Verwirkli-
chung gibt ein stabiles Fundament. Das ist nicht gleichbedeu-
tend mit starrer Perfektion. Ein Leben im Fluß bedeutet weder
Stagnation noch „Festgefahrenheit" oder gelangweilt in einer
Postion zu verharren. Es ist mehr ein Tanz mit uns und den
Herausforderungen des täglichen Lebens.

Phantasie

Phantasie ist eine Voraussetzung für Kreativität.

Gleichzeitig ist sie etwas Eigenes. Für Phantasie bedarf es einer noch tieferen Anbindung, Öffnung für alles. Sie setzt keine Grenzen und hält alles für möglich. Sie ist bestenfalls mit Reinheit gekoppelt.

Das erlebt man immer wieder bei Kindern. Etwas, was weder falsch noch unmöglich scheint. Ein Zustand, der Wunder zuläßt. Man sagt nicht umsonst: „...das ist phantastisch..."

Es ist etwas außer der Norm der starren Denkprozesse und zeichnet sich durch etwas Besonderes aus. Mit ihr können Rahmen gesprengt und alte starre Strukturen aufgelöst, aufgebrochen werden. Für Phantasie kann man sich nur öffnen, sie kann nicht erzwungen werden. Manchmal kann aber im Erwachsenenalter durch einen gesunden Druck eine Schleuse geöffnet werden - die Phantasie kann fließen.

Phantasie, gekoppelt mit Freude und Dankbarkeit, ist eine gesunderhaltende Mischung. Sie kann auf den Menschen wie Dünger wirken.

Inspirationsfähigkeit

Inspirationsfähigkeit setzt Flexibilität voraus: Sich selbst nicht so wichtig nehmen und gleichzeitig eine Wertschätzung seines Potentials pflegen. Wer sich inspirieren lassen kann, verfügt über ein Fundament von Wissen, Glauben, Bewußtheit und eigenständigem Denken.

Dieser Mensch schafft es, eine Idee zu erweitern, zu erschaffen, zu entwickeln - über einen neuen Impuls von Außen. Je nach dem, wie viel Kreativität und Phantasie der Betroffene in sich trägt, können interessanteste Entwicklungen über seine Inspiration erfolgen. So kann bei den alten Malern gesehen werden, wie sie sich in ihren Techniken und Motiven gegenseitig inspirierten. Ich denke nicht zuletzt an Albrecht Dürrer, der eine Arte Vorreiter in manchen Bereichen im Umgang mit der Kunst darstellte. Je nach Persönlichkeitsstruktur des Künstlers und seinem gelernten und gepflegten Potential entsteht etwas Eigenes.

Ein anders Beispiel sehe ich in der Entstehung von Tai Chi/Qi Gong. Ich fand eine interessante Erklärung, über den Ursprung der typischen Bewegungsabläufe.

Die Entwicklung begann bei weisen Menschen. Sie beobachteten die Bewegung der Tiere. Wie sich Hühner fortbewegten oder Hasen kämpften,... . Inspiriert von deren typischen Stellungsformationen, entstanden die verschiedenen Abläufe und Stellungen in diesen bis heute überlieferten und praktizierten traditionellen chinesischen Kampfkunstformen.

Meine Überzeugung ist: Ein „Meister" hat sein Wissen und seine Erfahrungen derartig geprüft, sodaß er damit flexibel umzugehen vermag.

Bezogen auf die Inspiration, daß der „Meister" in der Lage ist, seinen eigenen Stil zu entwickeln bzw. zu kreieren und dennoch eine essentielle Grundlage in der „Reinheit" (gemäß der Ordnung der Unverfälschtheit aller Grundlagen) erhalten bleibt.

Erfindergeist

Den Erfindergeist paare ich in meiner Beschreibung mit etwas „Funktionalem". Das, was seinen Ausdruck durch den Erfindergeist findet, dient in der Regel einem Zweck; sei es im technischen, physikalischen, chemischen,... sagen wir einfach in den wissenschaftlichen Fachgebieten.

Ein Erfinder-Geist generiert etwas „Neues". Seine Erfindungen, in die Tat umgesetzt, erwecken Pläne und Gedankenkonstrukte zum Leben. Bedarf es einer funktionalen Lösung eines Problems, bietet das dem Erfindergeist seinen Platz, um sich auszuleben. Natürlich setzt es Fachkompetenz voraus. Ist diese durchzogen mit Kreativität, Phantasie und natürlich der Offenheit für Inspiration, ist es nur eine Frage der Zeit, daß etwas sichtbar zum Vorschein kommt. So mancher Erfindergeist verfolgt beharrlich sein Ziel, erfährt vielleicht manchen Rückschlag und scheut sich trotzdem nicht, neugierig weiter zu experimentieren.

Hier halte ich einen Nachtrag noch für wichtig: So manche Hausfrau und Mutter kultiviert im Laufe ihrer Karriere innerhalb der Familie diese Eigenschaft, zugeschnitten auf die individuellen Bedürfnisse der Familienmitglieder. Das Lösen von Problemen im Alltag fordern und fördern so manchen Erfindergeist.

Humor

Was ist Humor? Bei der Frage erscheint mir ein Bild. Ich erlebe Humor oftmals als eine Art Rechen, der festgetretene Erde auflockert.

Humor kann heilsam sein. Er gleicht einem Gewürz im Alltag.

Herzliches Lachen wirkt oftmals gesundheitsfördernder, als so manche Tablette,… .

Hängt jemand in einem Strudel von Problemen, scheint dieser manchmal mit plumpem Humor überfordert. In solchen Fällen bedarf es des Fingerspitzengefühls, die passende „Tonlage" zu finden, damit der Humor – trotz belastender Umstände aufheiternd - seinen Zweck erfüllen kann. Humor kann nur als solcher bezeichnet werden, wenn er nicht auf Kosten Anderer geht. Geht er auf kosten Anderer, erhält er die Ergänzung „Schwarz...". Diese Art von Humor ist destruktiv, weniger nährend und nachhaltig, auch wenn er bei manchen Menschen ein Lachen provoziert. Wer sein Gegenüber ernst nimmt und gleichzeitig für eine Stimmungserhöhung sorgt, bewirkt ein gutes Betriebsklima. Es ist eine Kunst, wenn man es so schafft - trotz aller Widrigkeiten, ein Lächeln im Gesicht des Anderen zu erzeugen.

Sinn für Schönheit

Das Empfinden von Schönheit ist im Grunde individuell. Einen Aspekt halte ich für wichtig, etwas näher auszuführen: Unsere Kultur, Umgebung, Elternhaus,... nimmt einen starken Einfluß auf unsere Prägung. Viele Menschen wachsen in einem Konstrukt auf, das - als „schön" etikettiert - eine Anpreisung erhält. Vorgelebte Tendenzen prägen, bilden - früh begonnen, langfristig einen bestimmten „Geschmack" aus; vergleichbar mit einer Gewohnheit, einer Konditionierung, einer Mode... -, der wir innerlich zustimmen, „ja" sagen, sie übernehmen. Der Nachkömmling wird mit einem Trend „eingefärbt".

Entspricht dieser permanent sich wandelnde Zeitgeist wirklich einem natürlichen ursprünglichen Schönheitsempfinden, das jeder Mensch von klein auf in sich trägt? Inwieweit findet eine Verwirrung einer individuellen, reinen Wahrnehmung statt? Kann dieser verwirrte Mensch wieder zu „seinem" Geschmack finden? Ich glaube, es ist möglich, wenn sowohl die Bereitschaft als auch Offenheit dafür da sind, den Trend mit etwas Abstand zu betrachten, sich weniger darin verwickeln zu lassen. Das setzt grundsätzlich die Ehrlichkeit mit sich und seinen gesellschaftlichen Prägungen voraus. Und der bewußte Zugang zu seinen Gefühlen ist dafür notwendig. Leider ist dieser bei vielen Menschen unserer heutigen Gesellschaft gestört.

Die Wirkung von Schönheit:

Ganz gleich, ob es sich um ein Lebewesen (Mensch, Tier, Blume) oder ein Objekt, etwas Materielles handelt, was im Auge des Betrachters steht. Empfindet ein Mensch etwas als schön, kann in ihm eine Selbstverständlichkeit erwachsen, diesem mit Achtung und Ehrung zu begegnen. Schönheit vermag es, den wahrnehmenden Menschen zu berühren. Sich von etwas angezogen fühlen, was zu einem Stauen führen kann oder ein beglückendes Gefühl erweckt, sind Auswirkungen der Schönheit. Mit ihr können wir ganz und gar den gegenwärtigen Moment füllen. Mancher Mensch möchte sich vielleicht damit umgeben, fast schon damit verbunden sein, es immer und immer wieder bestaunen können,.. .

Es könnte sich auch um etwas handeln, was wir an/in uns entdecken oder gar selbst kreieren, sei es ein Kunstwerk, das über Formen und Farben, Klänge und Klangfolgen,... zum Vorschein kommt. Frei von Überheblichkeit - nur mit Anmut - erkennen wir unseren Teil und sehen darin gleichzeitig etwas, was sich unserem Einfluß entzieht. Im Grunde bekommen wir nur einen Anteil darin und daran geschenkt.

Ausdruck Kunst - Musik, Malerei, Tanz, Handwerk, Wörter

Menschen sind unterschiedlich stark visuell, auditiv, kommunikativ oder kinästhetisch veranlagt. Mit Hilfe dieser Veranlagungen kann jeder Mensch sein Potential leichter leben oder es direkt zum Ausdruck bringen. Die Schöpfungsprozesse geschehen z.b. über Klang, Symbolik, Farbe, Form, Materie, Wort, Ideen, Bewegung,... . Innerhalb der Kunst zeigen sich die Begabungen, sowohl für den Künstler als auch den Betrachter.

Die Kunst schafft Schönes, mancher sagt Sinnloses oder auch Sinnerfüllendes, Beflügelndes, Inspirierendes, Tragendes, Geschmackloses. Die Kunst kann als Ausdruck einer Epoche, Kultur, ihren Platz finden. Der Schöpfungsprozeß ist immer verbunden mit Hingabe. Unsere Prägungen nehmen auf die Gestalt des von uns erschaffenen Kunstwerkes Einfluß. Jedes Erschaffene aus einem „Handwerk" ist ein ganz persönlicher Fingerabdruck unseres Seins. So kann es sein, das Werk entspricht dem Zeitgeist und findet Beifall, oder aber der Künstler ist seiner Zeit voraus, möglicherweise wirkt es daher für einen Außenstehenden irritierend. Das finden wir natürlich auch im Zwischenmenschlichen (in Freundschaft, Familie, Arbeit, Kindererziehung,...).

Einem Künstler gelingt es, mit bekannten und vorgegebenen Ausgangsstoffen/-materialien/-bedingungen etwas Neues entstehen zu lassen. Etwas, das sich anders verhält, wirkt, erscheint und anfühlt. So sehe ich es als eine Kunst an, seine Kinder gut auf die Welt vorzubereiten, damit eigenverantwortliche Individuen entstehen, die bestmöglich ihre Fähigkeiten leben. Es ist zudem möglich, daß ein scheinbares „Defizit", „Handicap", „Mangel",... dafür sorgt, Potential zu entdecken bzw. auszubilden. Es gibt einen Spruch dazu, der etwa die Richtung aufzeigt: „Deine größte Schwäche kann zu Deiner größten Stärke werden."

Daher empfehle ich, mit liebevollem Blick auf die eigenen „Schwächen" zu sehen. D.h. eine Möglichkeit in Erwägung zu ziehen, daß Sie in Zukunft mit Freude vor Ihrem eigenen „Kunstwerk" (= Lebenswerk) stehen, das letztlich fremde Menschen motiviert. Sie sind dann zu einem Vorbild geworden. Liest man die Definition von Kunst bei Wikipedia:

*„Das Wort **Kunst** (lateinisch ars, griechisch téchne[1]) bezeichnet im weitesten Sinne jede entwickelte Tätigkeit von Menschen, die auf Wissen, Übung, Wahrnehmung, Vorstellung und Intuition gegründet ist (Heilkunst,[2] Kunst der freien Rede). Im engeren Sinne werden damit Ergebnisse gezielter menschlicher Tätigkeit benannt, die nicht eindeutig durch*

Funktionen festgelegt sind.[3] *Nach Tasos Zembylas unter-liegt der Formationsprozess des Kunstbegriffs einem ständigen Wandel, der sich entlang von dynamischen Diskursen, Praktiken und institutionellen Instanzen entfalte. ..."*

Sprache

In diesem Kapitel geht es nicht um die Artikulation, die Aussprache, Betonung oder das Klangbild der einzelnen Laute. Diese Bereiche sind wichtig, denn eine deutliche Aussprache, mit einer passenden Betonung wirkt positiv in jedem Gespräch. Jeder Klang erzeugt sowohl beim Sprecher als auch beim Zuhörer Frequenzen. So entsteht bestenfalls Klarheit in den Begegnungen unseres Alltags. Die Sprachgestaltung in ihrer Bedeutung und Wirkung im Rahmen der Sprachwissenschaft kann von Fachleuten besser beschrieben werden. Da dies ein elementarer Bereich ist, erwähne ich es an dieser Stelle dennoch kurz. Ich widme mich nun aber in dem folgenden Text mehr der Bedeutung und den Wirkungsweisen der Wörter an sich.

Worte wurden/werden immer wieder von einflußreichen Führungsköpfen mißbraucht, für Verblendung, für Lügen, zur Irreführung, zur Täuschung, zur Verdrehung, zur Isolierung, zur Lenkung. Worte verhüllen und tarnen unmenschliche Absichten,.... . Hierzu zeigt manche Volksweisheit diese Mechanismen auf: „Jemand um den Finger wickeln, ohne daß er es merkt." „An der Nase herumführen." „Makkaroni auf die Ohren drehen" „Schlagsahne auf die Augen schmieren." „Dem Eski-

mo einen Kühlschrank verkaufen." „Einen Bären aufbinden."
„Honig ums Maul schmieren."

Immer wieder stecken sogenannte Fachleute, so manche
„Lenker" der Gesellschaft (= Menschen in Macht- und Füh-
rungspositionen innerhalb der Politik, Wirtschaft, Presse...)
Worte von ihrer Bedeutung her in eine andere „Schublade",
d.h. sie geben ihnen einen anderen Sinn, der teils entgegengesetzt des eigentlichen Sprachgebrauchs ist. So erfolgt eine
Entfremdung der traditionellen und ursprünglichen Bedeutung
und Konditionierung eines Wortes, gefüllt mit einer neu erzeugten Ideologie, wie ein neues Etikett. Manchmal geschieht dies
offensichtlich, manchmal subtil. Auf jeden Fall nimmt man mit
dieser Methode Einfluß auf emotionale Reaktionen eines
Volkes – je nach Vorhaben eines „Lenkers" bzw. Machthabers.
Auf diese Weise gelang/gelingt es recht einfach, Menschen zu
lenken, zu beeinflussen, zu steuern, zu manipulieren... . Wieso?

Ein Wort:

- Präzise gewählt, ist gefüllt mit Energie und verändert: Gedanken, Meinungen, Sichtweisen, Einstellungen,...

- Gut überlegt, verdeutlicht, erklärt, zeigt auf, läßt verstehen
  und setzt hilfreiche Gefühle und Emotionen in Bewegung.

- Kann sowohl kleine, als auch große Folgen nach sich ziehen.

- Erzeugt Ruhe.

Zur rechten Zeit am rechten Platz, führen Worte zu Frieden, erhöhen Erkenntnis und befreien. Ja, sie haben die Macht, erlösende Wirkung zu erzeugen. Worte nehmen den Zuhörer mit auf eine Reise. Der Gebrauch jedes Wortes beinhaltet aus diesem Grund ein hohes Maß an Verant**wortung**.

Das Verbale lebt nahe an den Taten. „An den Taten wirst Du erkennen, wen Du vor Dir hast." Worte beschreiben: ein Verhalten, ein Vorhaben, eine Handlung, ein Befinden. Das Sichtbare – teils auch das Unsichtbare – vermag über die Sprache greifbar bzw. sichtbar zu werden. Mit Worten assoziiert der Zuhörer Emotionen, Gedanken. Dies erzeugt Energiefelder. Das ist bereits ausreichend wissenschaftlich belegt.

Vor allem die Deutsche Sprache bleibt nur lebendig in der Verwendung ihrer Fülle an Worten. Jeder, der die Vielfalt an verbalen Möglichkeiten zur Präzisierung erkennt und nutzt, pflegt und erhält zugleich dieses einmalige Kulturerbe. Das Vokabular verändert sich, wächst oder verkümmert. Bedeutungen der Worte wandeln sich, erweitern oder dezimieren sich bzw. geraten in Vergessenheit.

1. Beispiel

Manche Ausdrucksweisen lassen mehrere Bedeutungen zu. Findet das Wort in seinem Gebrauch die Ausschöpfung seiner Bedeutung? Auf dieser Erkundungsreise nutze ich für die verwendeten Wortableitungen und deren ursprünglichen Bedeutung ein Etymologisches Wörterbuch (*).

Ein Beispiel: **„Teilen"**

Teilen = zerkleinern, portionieren, abgeben, schenken ist verbunden mit etwas Wohlwollendem (z.b. der heilige St. Martin, der seinen Mantel teilte und die Hälfte im Winter an einen nackten frierenden Bettler) verschenkte.

„Teilen" wird oft mit „spalten" gleichgesetzt. Spalten = hälfen, zerkleinern, positionieren, auseinanderbringen (Paare, Menschen, Völker,...) und als Folge dadurch schwächen. Spalten (= der Länge nach kraftvoll durchtrennen) erzeugt ein Klangbild von etwas Urtümlichem, Kraftvollem. Assoziationen mit Holz (holzhacken bzw. -spalten) und Handwerk finden eine Verbindung zu dem Wort „spalten". Manchmal erzeugt die Spaltung auch Heilung: Ich spalte die Lüge von der Wahrheit. Die beiden Worte (teilen/spalten) entsprechen daher ganz anderen Wirkungskreisen. Es geht hier aber nicht um „Haarspalterei".

2. Beispiel:

Jede Handlung basiert auf unterschiedlichen Voraussetzungen, Motivationen und Eigenschaften desjenigen, der die sie ausführt. Jede Entscheidung zieht andere Folgen nach sich. Ein Beispiel: **„Herrscher"**

Herrscher: Derzeit wird dieses Wort in Verbindung gesetzt mit Macht und Unterdrückung. Macht löst gleichfalls Bilder der Unterdrückung, des Mißbrauchs und der Heimtücke aus. Das Wort „Herrscher" in seiner grundlegenden Bedeutung steht für ein Lebewesen in Führungsposition. Die Grundlage für solche Positionen sind Klarheit, Überblick, Stärke, Tugenden/Moral, Entscheidungskraft und die daraus entstehende Verantwortlichkeit.

Verantwortungsgefühl und die Bekennung dazu ist Voraussetzung für alles Tun eines Herrschers (symbolisch in der Literatur (*) zu entnehmen: Herrscher von Herr = erwachsener männlicher Mensch in Vorbildposition, jemand der lenkt (= Gott) oder herrlich = hervorragend, ausgezeichnet,...) Lenken in Verantwortlichkeit kann nur jemand (ganz gleich ob Mann oder Frau), der wohlwollend eine Art selbstloser Liebe für seine Schutzbefohlenen hegt, auf der Grundlage von Tugenden. Dieser Herrscher ist erhaben. Ein Herrscher als Vorbild.

Das ist der Unterschied zu einem „Möchtegern", Tyrannen bzw. Narzisst.

Fazit:

Im Lateinischen existiert ein Ausspruch, über dessen Bedeutung nun jeder selbst nachsinnen kann: **Divide et impera** (lat. für *teile und herrsche*) Welche Ziele hätte der Verwender im Sinn???

Was ist ein Körper?

Auch hier treffen mehrere Bedeutungen zu: Was ist unser Leib? Ein Zusammenschluß vieler Systeme (Organe,...). Aufgrund meines Körpers, nimmt meine Seele Gestalt an (Körper = Haus der Seele). Das Wort Körper, entlehnt sich (*) aus dem lat. Corpus (Leiche). Unter der Bedeutung des Wortes Leiche findet man die Synonyme: Körper, Leib, Fleisch, Leichnam, Gestalt. Eine „Leiche" ist heute mit einem toten menschlichen oder tierischen Körper gleichgesetzt. Forscht man bei Leiche weiter, offenbaren sich aus früher Verwendung (*) die Begriffe Hülle, Haut. Leichnam im Sinne von Leibeshülle, entspringt ursprünglich in der Dichtersprache der äußeren Bedeckung des Körpers - sowohl des lebenden als auch des toten Körpers. Über den Umlaut (a,e,i,o,u in diesem Beispiel Corpus-Körper) erhält das Ursprungswort eine andere Bedeutung, entlehnt (*)

aus dem Bereich: Zusammenschluß, Gemeinschaft von Einzelwesen (Lehrkörper - wie man an einer Schule alle Pädagogen zusammen bezeichnen kann). Mit Körper im Sinne von „Leib, Rumpf, Gestalt", wie der Korpus eines Musikinstrumentes, z.B. einer Geige, wird der Resonanzkörper als Klangkörper bezeichnet.

So wird sichtbar, womit der heutige Mensch etwas assoziiert und wie tief der Sinn damit verbunden ist, wie wir geprägt sind, und was Worte in uns, je nach Resonanzfeld, auslösen. Wer in der Lage ist, mit der Sprache bewußt umzugehen, kann diese als kraftvolles Potenzial nutzen.

Die Familie

Die meisten Menschen sehen und fühlen bei dem Wort „Familie" die Verbindung von Eltern, Kindern, Verwandtschaft. Aus dem lateinischen bildet es sich von famulus „Diener" ab. Wir sind Gottes Kinder und somit Diener Gottes. Ist das auch auf die Familie zu übertragen? (*)

Diener und Sklave sind zwei verschiedene Positionen. Familia = Gesinde, Sklavenschaft (wessen Sklaven sind wir wirklich?) Der Sklave in seiner heutigen Bedeutung ist aller Rechte beraubt und abhängig, mehr oder weniger unfreiwillig. (*)

Der Diener nimmt sein Amt freiwillig an und hat Rechte, auch erhält er einen Lohn.

Geht man der früheren Übersetzung (*) slawischer Stämme nach, kann Sklave sowohl „Freie" als auch „Unfreie" (in Abhängigkeit lebende Menschen) bedeuten. Sklave als Wort in der heutigen Bedeutung verfestigte sich erst im 18 Jh. Zuvor konnten viele Formen in doppelter Bedeutung auftreten. Manch eine Familie konnte damals wirklich autark leben, sie waren frei von Abhängigkeiten,...

Ältere Übersetzungen (*) vor dem 15 Jh. verbinden die Bedeutung mit Hausgesinde, Geschlecht, Haus, Haushaltung, in Zusammenhang mit „vertraut", „zwanglos", 16 Jh. = familiär zum Haus gehörig.

Ich frage mich nun aus dieser Erkenntnis heraus: Kann ein Wort zwei Bedeutungen haben und zwei Worte eine gemeinsame? In welcher „Matrix" leben wir? Wovon soll wer abgespalten werden?

Wovon spaltet sich der Mensch selbst ab?

Inwieweit kann der freie Wille beeinflußt werden?

(„Etymologisches Wörterbuch des Deutschen", Erarbeitet unter der Leitung von Wolfgang Pfeifer, Edition Kramer im der Rhenamia Verlagsgesellschaft mbH, 2018)

Mitgefühl - Empathie

Mitgefühl d.h. Empathie setzt eine innere Berührbarkeit voraus.

Ein Mensch, der bereits viel erlebt hat und über eine wohlwollende Grundeinstellung verfügt, generiert fast automatisch Mitgefühl, was die Empathie als Voraussetzung beinhaltet. Solch ein Individuum geht eine spürbare Verbindung mit dem Gegenüber ein. Ganz gleich, ob Mensch, Tier,... , es fühlt sich ein in eine Situation, einen Zustand oder ein Erlebnis. Das geschieht kaum über den Verstand. Der Verstand ist in der Lage, einem Umstand eine Wertung zu geben: „ach, wie schlimm,..." oder „oh, wie schön,....", d.h. das Ereignis zu analysieren.

Manches empathische Verhalten läuft Gefahr, in Mitleid überzugehen. Mitleid ist für keinen der Beteiligten zuträglich. Daher befinden wir uns in einer sensiblen Zone, wenn man von „Mitgefühl" spricht. Mitgefühl sichert den gesunden Abstand zu der Situation und den Betroffenen. Gleichzeitig ist eine Verbindung vorhanden, die uns einen fühlbaren Zugang zu den Umständen ermöglicht. Diese Verbindung gleicht eher einer Erinnerung. Sie hält uns auf Abstand zum Problem, damit wir nicht in etwas „hinein-gewickelt" bzw. verwickelt werden. Wir sind dadurch eben nur der „berührbare Beobachter", der dennoch sehr gut nachfühlen kann, was gerade vor sich geht.

Hochsensible Menschen gelangen in diese Postionen sehr schnell und sind gezwungen zu lernen, trotz aller Wahrnehmungen (Fremdemotionen, Gefahrenpotentiale etc.), mit bedacht und auf gesunde Weise - sowohl zum eigenen Wohl und das der Anderen – zu entscheiden. Eine gesunde Abgrenzung hat nichts mit Abstumpfung zu tun. Ein Abstand ermöglicht einen Überblick und einen Handlungsraum. Ist dieser nicht gegeben, sprechen wir von Mitleid. So scheint sich derjenige inmitten des Problems zu befinden, eingewickelt in die resultierenden Emotionen, unfähig und wie betäubt, um Lösungen zu finden.

Gesunder Abstand ist eine Grundlage, um die Dinge klar zu sehen. Manche Menschen unterliegen einem Programm, dessen Glaubenssatz ist, daß wenn sie sich auf die leidende Ebenen eines Anderen begeben, sie meinen ihn zu unterstützen. Mit einem Vergleich möchte ich die Sinnlosigkeit dieses Verhaltens zum Vorschein bringen: Ist jemand z.B. in einem Moorrast eingesunken, kann das eine lebensbedrohliche Situation bedeuten. Wie kann man am besten helfen?

Ist es eine Rettung, wenn ich sinnlos ins Moor renne, um nahe beim Versinkenden zu sein? Ich würde lediglich neben ihm festsitzen und evtl. selbst versinken. Eine andere Möglichkeit, mit einer solchen Situation umzugehen wäre: Sie suchen sich gemäß Ihrer Kräfte einen stabilen Stand und Hilfsmittel, um den Anderen herausziehen zu können. Oder Sie rufen einfach um Hilfe. In beiden Varianten schützen Sie sich, und der Andere erfährt eine Bergung aus einer mißlichen Lage.

Beim ersten Beispiel würde ich von Mitleid sprechen. Derjenige reagiert unkontrolliert, generiert so eine mögliche selbstzerstörerische Reaktion, die statt Lösungen eher Leid erzeugt.

Beim zweiten Beispiel sehe ich die Empathie als treibende Kraft, um dem Anderen zu helfen. Das Mitgefühl vermittelt die Voraussetzung für das Erkennen der Gefahr im Moor und somit die gesunde Einschätzung einer Möglichkeit zu einer Lösung beizutragen. Ein solcher Umgang bewirkt nachhaltig Hilfe und erzeugt wirkliche Hilfe.

Verständlicherweise kann es so manchem Menschen schwerfallen, die starke emotionale Verbindung zu ignorieren (z.B. bei Paarbeziehung, Eltern-Kind, gute Freunde usw.); einen Schritt zurückzutreten, dennoch Kontakt zu halten, aber mit einem notwendigen Handlungsraum (= Abstand). Es kann hilfreich sein, sich folgendes vorzustellen: Man stellt lediglich einen Schutzraum zu der plagenden bzw. belastenden Situation her, losgelöst von der Verbindung zu dem Menschen selber.

Nächstenliebe

Der Mensch verfügt über das Potential der Nächstenliebe. Eine Form der Liebe, die nicht nur die eigenen Nachkommen betrifft, d.h. den Familienklan. Nächstenliebe kann zu einem völlig fremden Menschen entwickelt werden, gefühlt werden. Die Botschaft, in der im Grunde ein Gleichgewicht steckt: „Liebe Deinen Nächsten wie dich selbst", fordert fast schon auf, sein Liebespotential nach außen an „Unbekannte" zu richten. Leider wurde es in unserer Kultur vielfach mit völliger Selbstaufgabe vermischt. Immer wieder wurde Selbstliebe verpönt und mit Egoismus gleichgesetzt.

Modern gelebte Nächstenliebe – wie auch immer sie präsentiert wird – gebiert eine entartete Form der Selbstaufgabe, verbunden mit ungeprüftem Vertrauen in den Anderen (und den damit verbundenen Informationen). Vielfach findet darüber eine Art Mißbrauch statt. Immer wieder konnte ich erkennen, wie ein Mensch „bedürftig" gemacht wurde/wird. Danach erhielt der Betroffenen bereits entwickelte Konzepte, die ihm helfen und ihn unterstützen sollen. Unwissende Menschen werden eingespannt, um diese Hilfe mit dem Etikett „Nächstenliebe" umzusetzen. Die Vorgeschichte der wahren Entstehung von Not und Elend erfährt eine Verdeckung und ein „Gutmensch" ist geboren.

In diesen Fällen ist Nächstenliebe mit Hilfsbereitschaft verwoben und wird im Grunde mißbraucht. Das meine ich aber nicht mit Nächstenliebe. In der Nächstenliebe wahre ich persönliche Grenzen, sehe mein Gegenüber mit verschiedenen Potentialen, z.b. als ermächtigte Lebensform, mit all ihren Stärken sowie Fähigkeiten und zolle ihr Respekt. Ich nehme so eine „Verbindung", Kontakt aus einer wohlwollenden Intention auf.

Gleichzeitig achte ich auf meine Grenzen und gestehe mir ehrliche meine Möglichkeiten ein. Keiner ist mehr oder weniger wert. Doch nur ich habe die Möglichkeit, auf mich selbst zu achten, mich zu verändern.

Ich kann in der Nächstenliebe den Anderen einfach sein lassen, wie er ist (solange er sich oder anderen nicht schadet). Es ist für mich spürbar, wo Grenzen sind, sowohl bei mir als auch beim Beteiligten (z.B. sollte man sich selbst bei einer „Unterstützung" fragen, ereifere ich mich über die Hilfe oder erkenne ich wirklich, was der Andere benötigt und handle ich bewußt nach meinen Möglichkeiten). Das beinhaltet weiterhin, die Grenzen beim Gegenüber wahrzunehmen, wo greife ich zu meinem Eigennutz ein, oder erkenne ich, es ist gerade besser, nichts zu tun, einfach nur für den Anderen da zu sein, präsent zu sein, ihm zuhören,.... Nicht aktiv zu werden!

Nächstenliebe erfordert manchmal Geduld (warten zu können), Mut (jemandem etwas mitzuteilen, auch wenn es ihm nicht gefallen könnte, weil ich dennoch erkenne, diese Information hält ihn von etwas Schlimmem ab), Disziplin, Präsenz, Kontakt zu den eigenen Gefühlen, die eigenen Grenzen kennen und wahren, Hilfsbereitschaft, Klarheit, soziale Kompetenz, Ehrlichkeit, Beharrlichkeit, verzeihen können, Bereitschaft zu lernen,...

Wer weiß, was Liebe bedeutet, der spürt einfach die Nächstenliebe und wird entsprechend verantwortlich für sich und andere handeln. Daher braucht es keine weiteren Erklärungen, entweder man spürt es, oder nicht. Sollte ein Fehler/Irrtum passieren, gilt es hier immer zu fragen, aus welcher Bewußtheit oder Motivation heraus wurde diese Entscheidung getroffen?

Mit welcher Absicht wurde gehandelt, gesprochen, ...?

Sollte vielleicht ein Trugbild aufgebaut werden?

Mit welcher Ehrlichkeit, Wahrhaftigkeit gehe ich damit im Nachhinein um?

Bin ich bereit, eine Lösung zu finden, die meinem Prestige vielleicht nicht so gut tut, aber hilft, die Wahrheit zutage zu fördern – Entscheidung aus (Nächsten-) Liebe treffen?

Tugenden

Dieses kraftvolle Wort besitzt eine „Macht". Zumindest sollten nicht nur Menschen mit „Macht", d.h. in einflußreichen und verantwortungsvollen Positionen, diese präsentieren können. Ich bin von einer positiven Auswirkung überzeugt, wenn der Mensch sich möglichst viele Tugenden aneignet.

Tugenden stellen für mich persönlich etwas Besonders dar, den roten Faden in meinem Leben. Ich bin heilfroh, keinen führenden, leitenden Posten auszuüben. Mir genügt die Verantwortlichkeit für mein Leben, eine bestmögliche Ausrichtung in all meinen Taten, einschließlich meinen Gedanken.

Die Bedeutung, die Verantwortung für das eigene Leben zu übernehmen, beinhaltet mitunter die ständige Verankerung der Tugenden, in jedem Moment meiner Präsenz. Darum ringe ich immer und immer wieder mit mir und es ist in so einigen Bereichen eine Herausforderung.

In der Beschreibung von Tugenden finde ich folgende Attribute:

Mut, Demut (im Sinne von Achtung, aber nicht von Unterwerfung!), Mildtätigkeit, Qualität, Unbescholtenheit, Geduld, Mäßigung, Wohlwollen, Fleiß, Anständigkeit, Reinheit, Ehre, Stärke,

Aufrichtigkeit, Bescheidenheit, Ehrlichkeit, Gerechtigkeitssinn („Suum cuique" = Jedem das Seine), Gewissenhaftigkeit, Ordnungssinn, Pflichtbewusstsein, Pünktlichkeit, Sauberkeit, Sparsamkeit, Unbestechlichkeit, Zurückhaltung („mehr sein als scheinen!"), Zielstrebigkeit, Zuverlässigkeit,...

Aus der Gesellschaft einer Epoche erwachsen Menschen, die ähnliche Verhaltensmuster entwickeln. Diese werden geprägt durch die vorherrschenden Lerninhalte und das zur Verfügung gestellte Wissen (aber auch stark durch das unterdrückte Wissen) innerhalb der Bildungssysteme.

Innerhalb dieses Rahmens werden den Betroffenen von Generation zu Generation Sozialverhaltensklauseln, Allgemeinbildung, die Prägung von Worten, die Beziehung zur eigenen Meinung, die Zulässigkeit zur Verbindung mit der eigenen inneren Stimme, Bauchgefühl, Herz, der Glaube an eine höhere Macht - Gott - (Schöpfer, Quelle) vermittelt.

Dieses Kollektiv, welches das vorgegebene Verhalten ohne zu hinterfragen vertritt und verteidigt, wird als „normal" bezeichnet. Zur Normalität wird nun genau der Rahmen, der dem geformten Erscheinungsbild einer Gesellschaft entspricht! Teils erfolgen die Prägungen über die Art und Weise der Informationsvermittlung und die „Wissensvermittlung" selbst. Medien,

Kultur, Systeme, Lehrer, Familie und Mitmenschen sind die Werkzeuge, die die Norm weitertragen.

Sehr machtvoll ist für die Steuerung der Sprachgebrauch, z.b. das Angewöhnen einer unbewußten, schlampigen und veränderten Sprache. Dadurch entfremdet sich die nächste Generation von der eigenen Kultur und deren Wurzeln.

Psychologische Konzepte lassen diese Vorgänge nachvollziehen. Das Gehirn ist programmierbar. Man kann daher entsprechende psychologische Methoden für etwas Sinnvolles als auch etwas Gegenteiliges verwenden.

Entscheidend ist – wie bereits erwähnt - für Menschen, die bewußt oder unbewußt andere Menschen prägen und steuern, welche Intention hinter ihrem Tun steht. Besitzt dieser Mensch einen ethischen, moralischen Kodex, der seine Grenzen wahrt, d.h. verfügt er über Tugenden, oder steht das eigene Interesse, Machtbesessenheit, Geldgier,... etc. im Vordergrund seiner „Steuersysteme". Hier kommt der Begriff „Gewissen" zum Vorschein. Hat ein Mensch ein Gewissen, welches die Grundlage bzw. das Fundament zu inneren Werten und Tugenden bedeutet?

Das Gewissen, als ein „Korrekturprogramm" zu sehen, hilft garantiert bei der menschlichen Entscheidungsfindung. Die Bedeutung des Gewissens könnte die Seiten eines eigenen Buches füllen. Unsere Spezies ist mit ihren Möglichkeiten in der Lage, diese Fähigkeiten zu fördern. Tugenden sind daher wie Nahrung für beseelte Lebewesen und erzeugen entsprechende „Früchte" in ihrem Handeln.

Folgende Fragen könnte man stellen, um einen Gesellschaftszustand zu erfassen: Wie wird mit Wahrheit in einem System umgegangen? Ist es erlaubt, offen seine Meinung zu sagen?

Muß geglaubt werden, was von den Medien vorgegeben wird? Ist es erlaubt und möglich, selbst zu forschen, zu erkennen, was wahr ist? Wird das eigenständige Denken innerhalb der Gesellschaft gefördert? Werden Entscheidungen auf Grundlage von Herz und Verstand anerkannt? Wie pflegt jemand noch Tugenden? Wie viele Beteiligte eines Systems sind noch in der Lage, frei von Emotionen (Angst) daher mehr aus bzw. mit dem Gefühl (Herz) heraus zu entscheiden und zu handeln? Werden Menschen zu Entscheidungen genötigt, und welche Folgen zieht das nach sich?

Welchen Sinn hat das Erkennen von Wahrheit bzw. Manipulationsmechanismen, wenn es nur negative Konsequenzen nach sich zieht? Merke ich, wenn ich nur „gesteuert" werde und erliege ich letztlich einem krankmachenden Konstrukt? Wem kann man noch glauben?

In manipulierten Gesellschaftsstrukturen scheint es verständlich, daß Menschen, die nach der Wahrheit forschen, Schwierigkeiten bekommen. Jene Menschen wären mit den gefundenen Beweisen in der Lage, vorherrschende Lügen aufzudecken. Wenn man den Machthabern nicht gefällt, aufgrund der Wahrheitsliebe, können diese zu einflußreichen und unangenehmen Zeitgenossen werden. Solche Konsequenzen sind oft einschüchternd und erzeugen wenig Motivation für andere Menschen, sich diesen entgegenzustellen. Daher ist eine Potentialentfaltung in derartigen Systemen sehr schwer. Sich zu ducken, zu verbiegen, um negativen Sanktionen zu entgehen, ist verständlich, leider aber keine langfristige Lösung.

In manchen Gesellschaftsstrukturen finden sich noch weitere hemmende Faktoren. Sie verhindern sowohl individuelle Potentialfindung als auch Tugenden zu leben und sie öffentlich zu vertreten. Daraus erwächst eine Angst seine eigene Meinung zu entwickeln oder sie zu äußern.

Hier habe ich eine kleine Übersicht bzw. Fragerunde zusammengestellt, die weltweit verschiedene Systeme und Strukturen beinhaltet: Der eine Systemtreue erzählt, begründet

und droht - der andere Forscher ebenso nur mit entgegenge-
setzter Meinung, die Konsequenzen hat die Bevölkerung zu
tragen: Die eigentliche Absicht wird wie in Papier gewickelt und
mit einem Etikett versehen. Doch stellt sich oft die Frage, was
ist wirklich der Inhalt? Möchte mir jemand schaden, möchte er
wirklich mein Bestes oder weiß er gar nicht, was er da tut,
sagt, und verbreitet? Was ist wahr? Die Begründungen dieser
Handlungen werden in beiden Fällen in die Schublade der
„besten Absicht" gesteckt.

Steckt die Wahrheit nur im Unverpackten? Wenn Menschen
stark beeinflußt werden, kann man das über folgende Fragen
leichter erkennen: Was bewirkt Angst (Das Wort Angst kommt
von eng!)?

* Warum schreckt die Übernahme der eigenen Verantwortung
für seine Gedanken, Entscheidungen und Handlungen so viele
ab?

* Wird ein Mensch in Meinungs-, Reaktions- oder Zeitdruck,
gehalten?

* Fühlt sich ein Mensch permanent unter starkem Streß?

Handelt der Mensch – einem solchen Druck ausgesetzt - nicht vermehrt aus seinem „Reptiliengehirn" (Flucht, Kampf,...) heraus?

* Ist dem Menschen die Auswirkung seiner Handlung bewußt?

* Wird der Mensch instrumentalisiert und werden Fronten geschaffen?

* Ist Selbstliebe möglich?

* Können Entscheidungen zum Wohle aller Beteiligten getroffen werden?

* Erhalte ich die Förderung, um mein inneres Licht und Stärke zu entwickeln?

* Werde ich mit all meinen Potentialen gefördert?

* Wie soll ein Mensch wissen, was er tun soll, wenn er nicht weiß, wer er ist?

* Wie soll jemand etwas tun, wenn er keine Gewißheit über die Folgen seines Tuns hat? Ist Strafandrohung der einzige Weg, etwas Konstruktives, Nachhaltiges in Bewegung zu setzen?

Wirft man einen Blick in die Geschichte, fragt man sich: Wieso wurden/werden die Menschen beschimpft, abgestempelt,... die den Mut hatten/haben, ihrer inneren Stimme zu folgen, hinter etwas zu stehen, anders zu sein,... und gleichzeitig Tugenden zu leben? Kennt Gott,... nicht jeden von uns und seine Motive? Wie kann man Kraft sinnvoll einsetzen **und** Potentiale nach der göttlichen, d.h. harmonischen Ordnung, in die Welt bringen?

Wie kann eine Gesellschaft gemeinsam „einen Körper" bilden, der sich mit den Tugenden und der Anbindung an Gott ermächtigt, diese finstere, destruktive Zeit (und deren Akteure – innerlich und äußerlich - zu beenden?

Trotz der klebrigen und verrufenen Anheftungen an dem Begriff „Tugenden", sehe ich es als fundamental an, einen Blick auf die als altmodisch abgestempelten Eigenschaften zu werfen. Wer kann sie wirklich verstehen, weiß, was sie bedeuten, wer kann sie umsetzen? JEDER MENSCH?!

Zusammenfassung:

Ein Wort kann eine Einstellung beschreiben – kann es auch eine Einstellung auslösen?

Um diese Frage zu beantworten, folgender Vergleich aus dem Gesundheitsbereich: Nehmen wir das Beispiel einer Krankheit (aufgrund von Streß). Stehen in deren Behandlungsformen bzw. Maßnahmen lediglich die Symptome im Vordergrund – frage ich: Heilt man eine Krankheit, indem man ausschließlich Symptome bekämpft, oder/und eher deren Auslöser findet und auflöst?

Wo steht der Mensch, wo die gesamte Menschheit?

Wie viel Zeit haben wir noch?   JETZT!

Je nachdem, wie ein Mensch seine Tugenden pflegt, lebt, vertritt, hat dies folgenreiche Auswirkung auf das Umfeld. Hat ein Mensch Macht ohne Tugenden, kann dies schnell zum Mißbrauch führen. Wichtig ist - so habe ich es gelernt –, sich jeden Abend im Spiegel ohne Scham ansehen zu können!

Natürlich entstanden - Wunderwerk Körper

Dem Menschen wurde ein Körper zur Verfügung gestellt. Er bewohnt ihn, wächst in ihn hinein und wandelt so durch die Welt.

Nebenher arbeiten die Organe des Körpers entsprechend ihren Aufgaben. Darum müssen wir uns nicht bewußt kümmern. Lediglich wird gefordert, auf die Energieversorgung zu achten, auf Pflege und Fürsorge. Das ist alles. Das Wunderwerk Körper erledigt seine Aufgaben und unsere Seele bedient sich seiner. Wozu ist der Mensch aber tatsächlich hier? Ist der Sinn in diesem Körper, daß man morgens um 5.30 Uhr auf den Wecker schlagen kann, der einen gerade daran erinnert, seine Alltag zu beginnen. Vielleicht gleicht dieser eher einem freudlosen Alltag, der scheinbar Tag für Tag die Lebensenergie lediglich einsaugt, in dem Sie sich nur „funktionstüchtig" halten müssen, satt sich zur Entfaltung und Stärkung des Potentials zu motivieren?

Für eine Potentialerkennung existieren in alten Kulturen und in der modernen Welt verschiedene Sichtweisen. Ich halte im Allgemeinen ein Raster-/Schablonendenken für bedenklich bzw. fragwürdig. Ein in ein paar „Archetypen" eingeteiltes Konzept übersieht meiner Einschätzung nach wichtige nicht so populäre

Nuancen, Eigenschaften, Gaben und Verhaltensweisen, die genau die Kraft der Persönlichkeit darstellen. Gerne bezeichne ich all diese standardisierten Einordnungen als Schubladendenken unseres Wertesystems. Es schafft Trennungen, Spaltungen, die die wichtigen Übergänge erschweren bzw. verhindern.

Gleichfalls halte ich Grenzen für wichtig, wenn sie zum Schutz für etwas erstellt werden und einen sicheren Rahmen schaffen. Doch in vielen analytischen Bereichen sehe ich im starken Klassifizieren eher die Erzeugung einer Starre. Dennoch räume ich manchen Modellen ein Potential ein. Ein altes Konzept verwende ich daher in diesem Kapitel zur Veranschaulichung. Es geht um die alte „Kunst" des Gesichterlesens. Es heißt, wie ein Gesicht geformt ist, seine Mimik, das Gesamtbild,… kann Aussagen über Merkmale der Stärken und Schwächen einer Persönlichkeit geben, Potentiale für die Lebensaufgabe sichtbar machen.

Es ist beachtlich, wie viele Menschen sich wirklich darin wiederfinden. Nun frage ich mich, generiert mein Potential diese „Gesichtszüge" oder habe ich mein Potential aufgrund dieser „Gesichtszüge". Auch hier ähnelt der Gedanke der Frage nach dem, was zu erst war: „Die Henne oder das Ei?"

Ich kann mir gut vorstellen, daß unsere Veranlagung für eine entsprechende Zellanhäufung/-entwicklung sorgt, die unser Aussehen beeinflußt. Zudem wirkt sich unser Lebensstil, unsere Gedanken, unsere Tätigkeiten auf unsere Zellen aus.

Schließlich wird dies in der menschlichen Physiognomie widergespiegelt. Vielleicht hat der Eine oder Andere festgestellt, wie sich ein Gesicht, Ausdruck eines Menschen wandelt, wenn dieser eine einschneidende Veränderung in seinem Leben erfährt.

Ich finde es faszinierend, wie unser Körper selbstständig Anpassungen vornimmt, aufgrund unseres räumlichen, klimatischen und sozialen Umfelds und unseres Lebensstils.

(Noch ein Nachtrag zu der Henne/Ei-Frage: Zwischenzeitlich scheint sich die Wissenschaft sicher: Es war die Henne zuerst.)

Sinne (hören, schmecken, riechen, fühlen, sehen)

Unsere Sinne sind wahre Geschenke an den Menschen. Die Sinne erlauben eine differenzierte Wahrnehmung unseres Umfeldes. Sinne lassen uns empfinden. Eine erfüllende sinnliche Wahrnehmung bezeichnen wir als Genuß. Wir sind in der Lage zu genießen, uns an etwas zu erfreuen. Eine Art ekstatischer Zustand durchzieht unser Befinden. Eine solche Befriedigung hilft dem Betroffenen, schwere Gemütslagen zu kompensieren. Eines der bekanntesten Beispiele: Schokolade zu essen bei Ärger, Traurigkeit,...

Die Sinne sind zudem ein hervorragendes Meßinstrument für den Erhalt unseres Wohlbefindens. Sofern wir im Stande sind, unsere Empfindung wahrzunehmen und in dieser Präsenz, Entscheidungen zu treffen und entsprechend zu handeln. Z.B. Von einem Marktbesuch haben wir einen Fisch mit nach Hause gebracht. Natürlich können Sie das Beispiel auch auf andere Lebensmittel übertragen, vor allem die Vegetarier unter Ihnen. Nun aber wieder zu dem Fisch. Sie packen Ihren Einkauf aus und möchten ihn gleich zubereiten. Beim Aufschlagen des Einwickelpapiers zieht ihnen ein unangenehmer Geruch in die Nase. Innerlich regt sich eine Empfindung von „unappetitlich", verbunden mit einer leisen Assoziation von: „Der Fisch ist schlecht."

Ihre Gedanken antworten aber: „Das kann nicht sein, ich habe ihn gerade erst gekauft." In diesem Beispiel ist das rationale Gefüge der Motor für die Entscheidung, in der Essenszubereitung fortzufahren. Ihr Blick fällt womöglich auf die Augen des Fisches, die etwas trübe wirken. Ungeachtet, dessen, was auch immer Ihre Sinne wahrgenommen haben, beginnen Sie mit der Arbeit. Der Kochprozeß verläuft auf zwei Ebenen. Die eine getrieben vom Motor, den Fisch für Ihr Essen zu garen. Die andere Ebene arbeitet subtil und dennoch wahrnehmbar als innere Abneigung gegen den Fisch und die Vorstellung, ihn zu essen.

Liegt das Gericht auf ihrem Teller und die Kochstelle weist einen sehr aufdringlichen fischartigen Geruch auf, wäre es ein weiterer Moment, eine Entscheidung zu treffen: essen oder entsorgen? Oftmals sind die zwei Ebenen immer noch für Sie wahrnehmbar. Auch hier zeigt sich der treibende Motor (Fisch gerade gekauft, daher kann er nicht schlecht sein) als so stark, dass Sie eine Gabel ihrer zubereiteten Speise in den Mund schieben. Spätestens jetzt ist die letzte Möglichkeit gegeben, den Kopf-Motor auszuschalten und der Körperempfindung Raum zu geben. Der Geschmack ist seltsam bis unangenehm. Würden Sie nun weiter essen, riskieren Sie eine Fischvergiftung. Welche Konsequenzen sind schlimmer?

Den Fisch zu entsorgen, mit dem Ärgernis, kein Essen zu haben, vielleicht das „Hätte-, Wäre-, Wenn-Modell" im Hinterkopf zu haben. (Wieso Sie ihn nicht gleich dem Mülleimer übergeben haben? Sie hätten sich in der Zeit eine Alternative zubereiten können.) Aber immer noch besser als die Variante zwei, den verdorbenen Fisch konsumiert zu haben. Die Folgen einer Lebensmittelvergiftung aufgrund schlechter Speisen sind sehr unangenehm und langwierig. Daher halte ich es für äußert kurzsichtig bzw. verantwortungslos, seinem Körper und allen weiteren möglichen Betroffenen, einen solchen Zustand tatsächlich zuzumuten. Wie oft wird eine Persönlichkeit bei derartig eindeutigen Situationen ähnlich handeln? Es ist kein Wunder, daß all die leisen Botschaften, die wir tagtäglich über die Sinne erhalten, von den „Motorengeräuschen" der entgleisten Gehirnschaltungen übertönt werden.

Über diese Fähigkeiten der Wahrnehmung verfügt der Mensch. Jeder kann entscheiden, wie er sie trainiert und verwendet. Der Verstand ist ein wichtiger Teil des Menschen. Doch wie oft werden diese feinen Signale der Wahrheit von dem lauten Gebrüll falscher Theorien übertönt? Oft fragt sich danach der Betroffene: „Ach, warum habe ich nicht,....?"

Essen

Der bewußte Vorgang während der Zubereitung und des Kochens des Essens nimmt einen unsichtbaren doch zugleich nicht zu unterschätzenden Einfluß. Die präsente Aufnahme der Lebensmittel beginnt bereits bei der Zubereitung.

Wie schmeckt eine Möhre, wenn ich sie längs oder diagonal zerteile? Schmecke ich überhaupt den Unterschied? Oder denkt man: „Möhre bleibt Möhre, egal wie ich mit ihr umgehe?" Die östlichen Philosophien/Kulturen (z.B. Ayurveda, TCM, tibetische Sicht) verweisen auf sehr interessante Zusammenhänge und Effekte, was die Nahrungsmittel angeht.

Hier kann man über das Verzehren eines bestimmten Lebensmittels bei einem geschwächten Körpersystem die Energie erhöhen und damit die Gesundheit stärken, mangelnde Kraft aktivieren.

Energie, die an einem Ort stagniert oder angesammelt ist – kann verschiedene Ursachen haben -, ist in der Lage Symptome auszulösen. Wie bereits bekannt ist, hängt in unserem Körper alles zusammen, ist miteinander verbunden. Erst, wenn die Energie wieder in normale Bewegung bzw. ins Fließen gelangt, ist dieser Stau wie entladen bzw. aufgelöst. So steht die ehemalig gestaute Energie folglich in einer gesunden Ordnung für die anderen Körperbereiche wieder zur Verfügung.

Daher ist es bis zu einem gewissen Grad möglich, über die Nahrung dem Körper Grundstoffe zuzuführen, die ihn in seinen natürlichen Regulations- und Regenerationsfähigkeiten unterstützen. Lebensmittel setzen daher Impulse bzw. liefern Energie, deren Frequenzen der Organismus selbstständig nutzt, was sich folglich auf bestimmte Prozesse förderlich aktivierend oder hemmend auswirken kann.

Der Impuls zum Ausgleich erfolgt über die entsprechenden Stoffe in den Lebensmitteln, die nicht zuletzt über unseren Geschmackssinn die ersten Signale und Aktivierungsimpulse an den Körper senden. Dazu ein Beispiel: Bitterstoffpflanzen sind bekannt dafür, die Gallensekretion anzuregen, werden gerne zur Verdauungsförderung verwendet oder um den Appetit zu steigern etc.

Das sensorische Zentrum ist in der Lage, eine Meldung an das Gehirn weiterzugeben. Auf diese Weise erfolgt - über Impulse - die Stimulierung entsprechender Organe. Das Erkennen der Besonderheit unserer Sinne und gleichzeitig deren Wichtigkeit in Bezug auf unsere Gesundheit finde ich essentiell.

Das Essen steht in direkter Verbindung zur Erde. Es dient nicht nur der Lebenserhaltung über Nahrungsmittel, Heilmittel und alles was wir zu uns nehmen. Es bietet vielmehr den Kontakt zu unseren Sinnen (riechen, fühlen, schmecken, sehen und auch hören, z.B. wie frisch klingt es, was ich mit meinem Küchenmesser zerkleinere). Sinnesfreude am Leben und ein achtsamer, dankbarer Umgang mit den Lebensmitteln, der bereits im Anbau mit der Saatgutauswahl beginnt, erfordert Bewußtheit. Diese Feinfühligkeit für das, was ich einnehme, zu mir nehme, was mich umgibt, ist ein Potential.

Gesunder Menschenverstand

Der Mensch verfügt in der Regel über einen Verstand.

Er dient dazu, das Erlebte einzuordnen und zu verstehen, Verknüpfungen mit bisher Gelerntem zu machen, zu schalten, zu überprüfen, weiter zu forschen oder sich das Gelernte einzuprägen.

Die Schaltstelle des Überprüfens und der „Speichervorgang" des Sich-Merkens, erlauben ein Selektieren von Falschem, Unwahrem (über das Überprüfen) und ein Bewahren von Wichtigem (über das Merken). Eine Überprüfung erfolgt durch das Hirn (Abgleich von kognitiv Erlerntem) und Herz (Abgleich mit dem eigenen Gefühl, Intuition, seinen Sinnen, seiner Wahrnehmung, all dem, was nicht in Worte zu fassen ist).

Sowohl die Überprüfung der Situation (ist etwas richtig oder falsch, was ist unstimmig bzw. wieso ist etwas falsch) als auch der Merkprozeß, erleiden eine Irritation durch „schlechte", ungesunde Konditionierungen. Diese können aufgrund ständiger Wiederholungen von Lügen, Traumata, etc. geschehen und eingeprägt werden.

Findet eine Störung, Irritation dieser beiden Bereiche (Überprüfen und Merkprozesse – d.h. die Herz/Hirn-Verbindung) statt, ist eine „Entgleisung" des Verstandes möglich. Wie eine Waage, die ungenau den Meßwert anzeigt und die Notwendigkeit einer neuen Eichung gegeben ist. Ein anderer Vergleich bietet sich vielleicht noch besser dafür an: das falsche Abbiegen auf der Autobahn. Man kommt nicht dahin, wo man eigentlich hin will.

Der gesunde Menschenverstand verfügt über ein klares Miteinander verschiedener Bereiche. Verfälschungen in der eigenen Einschätzung, die Situationen verzerren, erfolgen - wie gesagt – beispielsweise durch übergangene Gefühle und Wahrnehmungen, die nicht ernst genommen werden sowie über Lügen, Traumata und Konditionierungen. Wenn der Verstand nur noch an das Gehirn gekoppelt ist, ist dieses Geschöpf anfälliger für externe Einflüsse und Manipulationen anderer Menschen.

Ist der Verstand bestenfalls mit Hirn und Herz verbunden, ist der Geist stabiler und „gesünder" in seiner Funktion. Daher geht es darum, die Verbindung zum Herzen (zu seinen Gefühlen) zu erhalten und gleichzeitig das Hirn mit Wahrheiten zu füttern. Das bedeutet eine regelmäßige Überprüfung der eingehenden Information und ein Übernehmen der Eigenverantwortung.

Nicht, weil man irgend etwas liest oder im TV sieht, muß das wirklich so sein. Es kann sein, doch wenn es um entscheidende Themen geht, ist jeder Mensch gerufen, die eingehenden Aussagen zu prüfen, zu hinterfragen - selber nachzuforschen. Auch das, was Sie in meinen Texten lesen, überprüfen Sie bitte, gehen Sie auf Ihre eigene Erkundungsreise und bilden sich dann Ihre eigene Meinung.

Das erfordert Zeit, Arbeit und Interesse. Wie oft scheitert dieses Vorgehen an der Zeit. Der Alltag hat viele Menschen fest im Griff. Daher kann ich es verstehen, wenn sich der fest eingebundene Berufstätige im Alltagsgeschehen freut, ein paar Minuten Ruhe zu finden. Es ist verständlich, wenn man ein „Füße-hoch-legen" nach einem anstrengenden Arbeitstag allen anderen mühevollen Beschäftigungen vorzieht. Viele haben bereits kaum Zeit für ihre Kinder. Da gilt es, Prioritäten zu setzen. Unter diesem Druck bietet es sich an, zu glauben, was man liest. Ganz gleich, ob dieses oder jenes im Widerspruch zueinander steht. Das, was gerade über die verschiedenen Medien „beworben" wird, scheint zu stimmen.

„Alle glauben es, und so falsch kann es dann ja nicht sein..." beruhigt sich der Betroffene selbst. Dieses Denken beleidigt allerdings den gesunden Menschenverstand. Er wird sich dann zurückziehen. Vielleicht wartet er ja, bis der Menschen ihm wieder die Türe öffnet und bereit ist, auf ihn zu hören,... . Das bedeutet, ein gesunder Menschenverstand kann nur erhalten bleiben, wenn der Mensch ihn selbst pflegt. Es ist unterstützend auf gutes Wasser zu achten, das man zu sich nimmt. Am besten ist Quellwasser, nicht aus PET-Flaschen. Ausreichendes Trinken ist für alle Prozesse des Organismus' grundlegend. Ein anderer hilfreicher Aspekt ist regelmäßiges mentales Training, auf vielfältigen Gebieten.

Heute las ich einen tiefsinnigen Satz. Ich finde ihn passend für Menschen, die stark an ihren alten, teils sehr bequemen – wenn auch gleichzeitig oft krankmachenden – Gewohnheiten festhalten. Vielleicht spüren diese Menschen bereits ein Unwohlsein, oder im Extremfall nimmt akut ein einschneidendes Erlebnis viel Raum ein. Für solche Situationen mag folgender Impuls hilfreich sein:

„Manchmal fallen gute Dinge auseinander, damit bessere Dinge entstehen."

Oft wirken Schicksalsschläge auf eine Weise, die ein Mensch erst nach Jahren versteht. Im Moment des Wandels kann es sicherlich manchmal unangenehm, tränenreich und rau zugehen. Emotionen, Gefühle und Eindrücke sollten unbedingt wahrgenommen werden. Zur Verarbeitung rentiert es sich, sich ausreichend Zeit zu nehmen, ggf. die passende Unterstützung zu suchen.

Daher ist es sinnvoll, sich von Zeit zu Zeit selbst zu prüfen, verantwortliche Entscheidungen zu treffen, damit man die Gewohnheiten nicht überspannt und das Leben auf unangenehme Weise korrigierend eingreift.

Die Leistung des Hirns

Das Gehirn erfüllt in manchen Bereichen die Aufgabe einer Zeitmaschine. Jeder Mensch hat seine eigene imaginäre Zeitmaschine.

Wollen wir in die Vergangenheit reisen, heißt das, wir erinnern uns. Reisen wir in die Zukunft, sind wir im Bereich des Wünschens, der Festlegung unserer Ziele, des Fokussierens einer Ausrichtung. Fühlen wir Dankbarkeit, kann es sein, wir sind zu 100% in der Gegenwart oder erinnern uns gerade an ein Ereignis in der Vergangenheit, das wir in unsere Gegenwart transportieren. Der Kontakt zu unseren Gefühlen und zu unserem Atem verhilft uns zur Präsenz der Gegenwart.

Ein solcher Zustand führt uns automatisch in die Bewußtheit. Das Gehirn verfügt über einen Speichermodus (= Lernen) und einen Modus des Abrufens (= Er-Innerns). Erinnern kann sich jemand nur, wenn er Informationen gesammelt hat. Richtet ein Individuum auf etwas seine Aufmerksamkeit, fällt ihm das Speichern und Abrufen leichter.

Hat jemand etwas in der Vergangenheit gelernt, kann er dies mit Hilfe des Erinnerns in die Gegenwart übertragen.

Weiterführend verfügt die Persönlichkeit über das Potential des Übersetzens. Solche Fähigkeiten sind nicht nur auf (Fremd-)Sprachen bezogen.

Tarneffekt

Die folgende Ausführung soll deutlich machen, was damit gemeint ist. Ein fremder äußerer Reiz bzw. Information wird innerlich so umgewandelt d.h. übersetzt, als wäre es ein vertrauter Reiz bzw. Information, die zu dem jeweiligen „System" (des Zuhörers, Beobachters) paßt. Für Tarneffekte macht sich das beispielsweise die Natur zunutze. Vielleicht wissen Sie, wie eine Blattschrecke aussieht. Ihr Äußeres ähnelt einem normalen Blatt. Jemand, dem dieses Wesen unbekannt ist, würde es als Teil der Grünpflanze einordnen. Der Unwissende würde nie auf die Idee kommen, daß er gerade ein Insekt vor sich hat. So ist dieses Lebewesen besser vor Fraßfeinden geschützt.

Regeneration

Das Gehirn verfügt - wie in dem Wissenschaftsbereich der Neuroplastizität und Neurogenese bewiesen wird - über eine enorm große Fähigkeit an Regeneration, Arealumleitung, Erweiterung von Nutzungsbereichen,... daß es nicht nur Menschen mit Handicaps in die Lage versetzt, diese auszugleichen. Das kann bis hin zum Hervorbringen erstaunlicher Fähigkeiten gehen, wie überdurchschnittliche Intelligenz, multiple Intelligenzen, Inselbegabung (Savant-Syndrom), sehen mit geschlossenen Augen, ...

In unserer Gesellschaft erhalten derzeit Menschen mit derartigen (mehr oder minder) ausgeprägten Eigenschaften, minimale Unterstützung, Förderung,... . Daher sind die meisten zivilisierten Menschen derzeit bemüht, sich in ein gewünschtes Raster einzufügen, statt das eigene Potential zu entdecken und zu entwickeln. Oft bleibt nun dieses unentdeckt, wird eher mißbraucht bzw. bekämpft, oder erfährt früh Unterdrückung. Das ist zum Teil dem Umstand geschuldet, daß es in seiner Qualität nicht erkannt wird. In unserem Bildungs- und Gesellschaftssystem existieren wenig Voraussetzungen (incl. entsprechend ausgebildeter „Potentialserkenner"), um es zu fördern und dem Menschen den Raum zur Entwicklung zu sichern. Aber das ist ein anderes Thema, über das der Leser selbst nachdenken und die daraus entstehenden Konsequenzen erahnen kann.

Auch das Gehirn ist ein Bereich des Körpers, der wie ein Muskel angemessen trainiert und gepflegt werden sollte, damit das Lebewesen ein förderliches Denken aufrechterhält. d.h. eine Förderung geht über das gesunde Essen hinaus. Sicherlich spielt die Ernährung eine wichtige Rolle, wie in einem anderen Kapitel bereits beschrieben.

Was meine ich mit der Aussage, „das Gehirn gesund und aktiv zu erhalten?" Neugierde, seine Anforderungen immer etwas steigern, regelmäßig etwas Neues lernen, Zeit zum Erholen bzw. Regenerieren geben, ausreichend Schlaf, entsprechende Schlafumgebung, für ausreichend Sauerstoff und Flüssigkeit sorgen, beide Körperseiten ausgleichend bewegen, eine positive Grundeinstellung haben, abwechslungsreiche Körperbewegung, Bewegung mit Atmung verknüpfen, Vertrauen,... .

Der präsente Zugang, bzw. die Bewußtheit zu seinen Gefühlen wirkt wie ein Schmierstoff für sämtlicher Abläufe. Unterdrückt der Mensch beständig alte Erfahrungen, incl. seiner unverarbeiteten Gefühle, ist ein natürlicher Vorgang das „Vergessen". So betäubt sich der Betroffene erfolgreich vor dem Fühlbaren, einst erzeugt durch „Schatten der Vergangenheit". Es zeigt einen tiefen inneren Wunsch, der unkontrollierbar Raum einnimmt und ungebremst zu einem Mechanismus (der Unterdrückung der Wahrnehmung eigener Gefühle) mutiert. Irgendwann kann er in eine Leere, Passivität und Entfremdung des eigenen Selbst münden. Für manche Menschen bedeuten Gefühle Gefahr, da ihnen ein gesunder Umgang damit im Laufe Ihres Lebens nicht vermittelt werden konnte. Somit ist in einigen Fällen das Vergessen eine Art Selbstschutz und ein Signal einer Machtaufgabe bzw. einem Entmachtsungsgefühl.

Selbstheilungskräfte

Vor ein paar Jahren stieß ich auf interessante Informationen über die Gehirnstruktur in Zusammenhang mit Krankheiten. Wissenschaftler konnten nachweisen, wie bestimmte Hirnareale auffällige Ähnlichkeiten aufweisen, die in Zusammenhang mit klassischen Krankheiten stehen. Verschiedene Positionen im Hirn geben Rückschlüsse auf Denkprozesse oder Gefühlslagen. Wenn jemand permanent in Angst ist, finden Schaltungen in den entsprechenden Regionen statt. Das läßt sich bei den Untersuchungen erkennen. So konnte eine Verbindung bestimmter Denkmustern (die entsprechende Emotionen auslösen) und Symptome bzw. Krankheitsbilder im Körper nachgewiesen werden.

Für mich erklärt es daher, daß sich bereits viele Menschen über eine andere Denk- und Urteilsweise sowie Glaubenssätze und der daraus entstehenden Gefühlslage, in ihrem Heilungsweg unterstützen können. Dazu ist es zuerst hilfreich, sich den „automatischen Programmen"- die im Denkprozeß ablaufen - bewußt zu werden. Sollte ein Mensch beispielsweise an sich entdecken, er nörgelt permanent an etwas herum und zeigt seine Unzufriedenheit, ganz gleich ob sich das Gegenüber die größte Mühe gibt. Kommt so in diesem Fall eine pessimistische Grundeinstellung in jeder Begegnung zum Ausdruck, kann diese über die bewußte Arbeit an sich selbst natürlich gewandelt bzw. aufgelöst werden. Die Erkenntnis daraus, unsere Denkprozeße nimmt einen maßgeblichen Einfluß auf die Zellen. Ich finde, das ist für jegliche Heilungsprozeße eine Hilfestellung und wird leider noch in der Gesellschaft von vielen Menschen belächelt.

Sicherungsschalter

In der Traumareaktion kennt man z.B. das Abspalten von einem selbst innerhalb mancher Situationen, zu denen uns später jegliche Erinnerung fehlt. Diesen Mechanismus/Vorgang nutzt das Gehirn als Reaktion, um sich als letzte Möglichkeit zu schützen.

Lernmöglichkeiten

An einer anderen Stelle habe ich Einflußfaktoren auf das Gehirn und dessen Funktionen benannt, an die ich hier nur erinnern möchte, z.B. Musik, Konditionierung. Das Gehirn verfügt über eine (uns oft unbewußte) Organintelligenz, die innerhalb der verschiedenen Hirnarealen (Vorderhirn, Stammhirn, etc.) entsprechende Reaktionen auslöst. Gleichzeitig haben wir bewußt die Möglichkeit, die Räume des Gehirns zu erkunden, sie zu beziehen und zu nutzen.

Zuletzt möchte ich noch auf das Potential der Visualisierung hinweisen. Ich finde es sehr erstaunlich, welche Forschungsberichte über diese Methode vorliegen, in denen die Auswirkungen - der alleinigen Vorstellung von etwas - gemessen wurde. Das Gehirn verändert sich innerhalb der entsprechenden Areale demnach nur über eine Visualisierung einer Tätigkeit.

Zur Verdeutlichung, was das bedeutet: Ob ich tatsächlich auf einem Klavier übe zu spielen oder ob ich es mir lediglich einfach vorstelle, wie ich es tue, erzeugt eine sehr ähnliche Gehirnveränderung. Es ist faszinierend, sich auf diesem Gebiet einzulesen, falls Ihnen, lieber Leser, das nicht bereits bekannt ist. Darin steckt ein enormes Potential, seine Selbstheilungskraft zu aktivieren und vieles mehr. Besonders erstaunlich finde ich die Verarbeitungsprozeße von Erlebtem im Gehirn. Das Gehirn verfügt über verschiedene Mechanismen. Hier sind Bereiche betroffen, die über meine Vorstellung hinausgehen. Viele Forschungen zeigen, wie Kriegserlebnisse der Vorfahren sich im Traumgeschehen von Nachkommen zeigen können. Daher bieten Träume Aufarbeitungsmöglichkeiten und Heilungsmöglichkeiten innerhalb des Schlafes.

Abhängigkeit

Die Bedeutung von Abhängigkeit wird auf Wikipedia folgendermaßen formuliert:

„Abhängigkeit, auch Sucht, bezeichnet das unabweisbare Verlangen nach einem bestimmten Erlebniszustand. Diesem Verlangen werden die Kräfte des Verstandes untergeordnet. In der Folge können die freie Entfaltung einer Persönlichkeit und die sozialen Chancen eines Individuums beeinträchtigt werden.[1] In zahlreichen offiziellen und inoffiziellen Einrichtungen wird der Begriff „Sucht“ in einer bestimmten Bedeutung verwendet.“

Abhängigkeiten sind nicht alleine an Substanzen gebunden. So manche zwischenmenschliche Beziehung vermag es, Abhängigkeiten zu erzeugen: Gründe dieses Zustands liefert Geld, Zuwendung, berufliche und existenzielle Bereiche, Anerkennung, Fähigkeiten und Fertigkeiten,... . So scheint ein unlösbares Defizit vorhanden zu sein, und nur ein anderer Mensch kann das ausgleichen, damit der Abhängige sich existenzfähig fühlt.

Wenn ein Mensch in Abhängigkeit von einem anderen Menschen lebt, der diesen weder bedingungslos liebt und respektiert, geschweige denn sich selbst, d.h. ihn/sich lieben kann, so, wie er ist, wird man immer einer Erwartung ausgesetzt sein. Jede Erwartung erzeugt mehr oder weniger Druck, der gegenläufig zur eigenen Potentialentfaltung steht.

Der Eine meint, man müsse sich verbiegen, über seine Grenzen gehen, etwas von sich leugnen oder unterdrücken, um die Wünsche des Anderen zu erfüllen, damit die eigene Existenz gesichert ist und das Defizit gestillt wird. Der Andere weiß, um die scheinbare Hilflosigkeit des Einen und nutzt diese häufig zur eigenen Bereicherung aus. Keiner von beiden vermag es, in einer derartigen Konstellation seinem eigenen Leben gerecht zu werden. D.h. ein Mensch in Abhängigkeit muß seine Lebenskraft vorwiegend zur Erfüllung der Vorstellungen seiner Umgebung einsetzen. Langfristig ist die Folge, daß der Mensch sich selbst damit nur auszehrt, ohne dadurch neue und nährende Energie zu erhalten. Eine Unzufriedenheit wächst heran. Die Gründe, die eine Abhängigkeit rechtfertigen, liegen meist nur in der Vorstellung des Betroffenen und scheinen stärker, als das Bedürfnis/der Entschluß, die Ursache seiner Unzufriedenheit bewußt anzusehen und zu ändern. (Süchtige sind vielfach Suchende: nach sich selbst – Lebensinhalt – Freunde – uvm.)

Meist enden solche Beziehungsstrukturen in Kompensierungsverhalten jeglicher Art, wozu auch Süchte aller Art (Drogen,

Essen, Konsum) gehören, die den inneren Zustand etwas betäuben. Dieser gleicht einem inneren Schmerz, der wie ein Signal ist: „Hier stimmt etwas nicht...." Die Kompensierung wirkt daher einem Schmerzmittel, das lediglich der Betäubung des Leids dient, ohne die Ursache zu beheben. So kann der Betroffene mit der Zeit erleben, wie die Kompensierungen höher und höher dosiert werden müssen, damit die Wirkung noch zu spüren ist. Das menschliche System befindet sich in einer Disharmonie und sucht auf seine Weise nach einem Gleichgewicht. In seiner Not, scheint ihm dies die einfachste Lösung. Der Mensch kann so in seiner „Funktion" bleiben in einer ihm vertrauten Situation, auch wenn sie noch so schmerzhaft ist. Die Angst vor dem, das eine Entkopplung bedeuten würde, wächst gleichermaßen.

Schließlich kann man sagen, eine unnötige Abhängigkeit erzeugt weitere Süchte. Es erfordert viel Mut und Kraft aus solchen Konstellationen eigenständig einen Ausweg zu finden. Dabei ist es wertvoll, Hilfe zu erhalten/anzunehmen, die dem Betroffenen als erster Schritt zur Bewußtheit über seine Verflechtungen verhilft.

Kompliziert wird es, wenn manche Menschen nur ihre Bestimmung darin sehen, ein „Retter" zu sein. Sie wollen so sehr Anderen helfen und finden meist auch jemanden der scheinbar

Hilfe benötigt. Manche Menschen glauben, ihren Wert darin zu finden, gebraucht zu werden und erleben entsprechende Situationen, sie ziehen sie förmlich an. In den Konstellationen können sie meisterhaft ihre Stärke als „Helfer" leben. Der Andere scheint schwach, und so meint der Ein oder Andere, die Hilfe würde darin bestehen, Aufgaben des Anderen zu übernehmen,… . „Die Hilfe zur Selbsthilfe" wird im Extremfall zur „Hilfe über Selbstaufopferung", was im Widerspruch steht zu einer gesunden Selbstliebe. Zugleich entwickelt der Bedürftige mehr und mehr Untauglichkeitsgefühle und verliert darüber das Gefühl seiner Würde.

Recht schnell kann so eine intime Verflechtung/Verwicklung heranwachsen, in der sowohl der „Helfer" als auch der „Bedürftige", entgegen ihrer eigentlichen Möglichkeiten und Fähigkeiten, miteinander einen recht steinigen Erfahrungsweg einschlagen.

Ich rede hier nicht von der natürlich menschlichen Intention bzw. Verhaltensweise der Hilfsbereitschaft, wenn sie tatsächlich die Lösung für ein Problem darstellt. Das wäre als „Hilfe" im besten Fall anzuerkennen. Aus meiner Weltanschauung heraus, ist eine Abhängigkeit nicht als „gut" oder „schlecht" zu bewerten. Sie deutet auf einen meist unbewußten Mechanismus hin, der ein Ungleichgewicht ausbalancieren möchte.

Der Organismus (physisch und psychisch), so bin ich überzeugt, ist bestrebt, eine Ordnung aufrechtzuerhalten oder
herzustellen. Wenn er keinen sinnvollen Weg dafür gelernt hat,
greift er auf natürliche Notprogramme, -mechanismen oder
-konditionierungen zurück, die ihm auf provisorische Weise
dazu verhelfen, eine Balance wieder herzustellen. So entstehen allerlei Gewohnheiten. Ist man sich deren Konsequenzen
bewußt, würde man selbstverständlich seine Verhaltensweisen
entsprechend anders ausrichten und andere Entscheidungen
treffen.

Besteht bei einem Individuum die Möglichkeit, seine Lebenskraft für die Potentialentwicklung/-förderung zu verwenden –
frei von Abhängigkeiten -, wird dieses immer stärker, energie-
reicher, leistungsfähiger und letztlich glücklicher. Eine derartige
Freiheit, erzeugt einen Zustand, vergleichbar mit einem
inneren Perpetuum Mobile.

Letztlich wäre dazu als gesunde Grundhaltung notwendig, weder jemand Anderen abhängig zu machen d.h. an sich zu bin-
den, noch abhängig zu sein. Dies würde wiederum in den gesellschaftlichen Konzepten zum Ausdruck kommen. Ein System (Wirtschaft, Finanzwesen, Politik, Gesundheitswesen,)
müßte mit dieser Einstellung gänzlich andere Formen entwickeln.

Diese Möglichkeit könnte nur funktionieren innerhalb einer Gruppe von Menschen, die über innere Werte verfügen. Das Konzept scheint mir derzeit gesamtgesellschaftlich noch nicht umsetzbar. Hingegen bin ich davon überzeugt, zwei Menschen innerhalb einer Partnerschaft, Freundschaft,... können das durchaus erfolgreich praktizieren, leben, umsetzen, zumindest das Bemühen darum. Die Grundlage ist natürlich die Bereitschaft, am eigenen Wachstum zu arbeiten und die Entwicklung einer gesunden Selbstliebe.

Finden sich zwei Menschen, frei und im bewußten „Besitz ihrer Fähigkeiten", können diese eine Verbindung der gegenseitigen Ergänzung eingehen. Es besteht ein Miteinander auf Augenhöhe, mit dem bewußten und unbewußten Focus auf gemeinsame Entfaltung.

Kontakt zu den unsichtbaren Welten

Glauben Sie, es existiert nur das, was wir sehen?

Nun, den Duft einer Rose können wir nicht sehen, manche können ihn auch nicht riechen. Bei einer starken Erkältung kann es vorkommen, daß Menschen die besten Gewürze nicht einmal schmecken können. Jetzt frage ich Sie: Sind all die Gerüche und Düfte nicht real, nur weil manche Menschen sie nicht riechen, schmecken oder sehen können?

Was ist mit Menschen, die über das absolute Gehör verfügen? Ist es nicht real, was sie hören, nur weil die meisten Menschen auf der Welt einen weniger ausgeprägten Hörsinn haben? Wenn diesen sensiblen Menschen laute Musik mit starken Bässen innerlich „wehtut", unangenehm ist, bilden sie sich das nur ein?

Vielleicht kennen Sie folgendes bekanntes Beispiel: Menschen, die - kurz bevor das Telefon klingelt – gerade an diesen Anrufer gedacht haben. Was ist das? Es gibt so viele Beispiele, die uns aufzeigen, wieviel wir eigentlich nicht wissen und trotzdem sehen, hören, wahrnehmen. Daher finde ich es enorm wichtig und zukunftsweisend, daß wir uns intensiver mit dieser Thematik befassen. Zu allen Zeiten lebten Menschen, die einen weiteren Horizont hatten/haben als andere, was so einigen Zeitgenossen unheimlich vorkam/vorkommt. Es geht nicht darum, sich etwas einzureden oder „abzuheben". Für das heutige Individuum ist es wichtig, offen zu bleiben.

Ich begegne Personen mit Mißtrauen, die laut tönen, sie hätten Kontakt zu Jenseitswelten. Ich rufe in solchen Fällen auf, selbst zu prüfen, ob es sich hierbei um Wahrheit handelt oder nur ein Wunschdenken ist. (Sicherlich wenden so manche Menschen ihre medialen Fähigkeiten verantwortlich und kompetent an für Fragende bzw. Suchende - um die geht es aber hier nicht.) Vieles auf diesem Gebiet führt Menschen in die Irre, ins Abseits, so mancher verliert sich darin, flüchtet sich gerade in eine Wunschvorstellung. Das Bedenklichste finde ich, wenn dabei die Verantwortung dem eigenen Leben gegenüber abgegeben wird, an eine Irreführung, Illusion oder an jemand Fremden, so wie auch an eine (esoterische) Modewelle.

Die Möglichkeit mit „anderen Welten" in Kontakt zu stehen, ist durchaus vorstellbar bzw. möglich. Doch statt sich und seine Fähigkeiten zu erkunden, warten viele Menschen darauf, daß man ihnen sagt, sie würden dies oder jenes sein, tun,... . Auch hier wird die Verantwortung ins Außen abgegeben. Derjenige gibt dadurch ein Stück seiner Kraft ab. Er macht sich abhängig. Sicherlich ist es manchmal hilfreich, einen vertrauenswürdigen

Menschen im Außen zu fragen. Ein Perspektivenwechsel kann manchmal zu mehr Klarheit verhelfen, solange man seine Verantwortlichkeit behält. Es geht darum, sich nüchtern und ehrlich zu fragen, wer bin ich wirklich und wozu bin ich in der Lage? Was möchte ich in diesem Leben tun? Was ist vielleicht noch nicht sichtbar in meinem Leben? Bin ich bereit, mich für etwas „Unsichtbares" zu öffnen? Kann ich mir vorstellen, etwas in mir zu **entdecken**?

Decken Sie ihre Möglichkeiten auf, tun Sie mit Herz und Verstand, was Sie können, glauben Sie an Wunder und vertrauen Sie. Es heißt so schön in der Bibel: „Hilf Dir selbst, dann hilft Dir Gott."

Pflegen Sie zeitgleich ihren gesunden Menschenverstand und behalten Sie ihre Verantwortung. Statt aus dem Leben zu fliehen, geht es darum, sich hier voll und ganz mit all seinen Potentialen ins Leben einzubringen.

Dabei halte ich es nochmal für wichtig, auf das Potential des Schlafes einzugehen, besser gesagt der Traumwelt. Es existieren reichlich Überlieferungen alter Kulturen, die überzeugt sind, eine Seele kann in der Nacht auf Reisen gehen. Sie betritt eine Welt, Dimensionen, die in unserem Tagesbewußtsein unvorstellbar sind: eine scheinbare Traumwelt. Manche Men-

schen können die Erfahrungen bzw. Erinnerungen eines Trau-
mes durch den „Schleier des Vergessens" transportieren. Der
Träumende wacht dann morgens auf, mit der Erinnerung an
seine „Reisen" in eine unsichtbare Welt. Manche Menschen
berichten zudem von Antworten, die sie in der Traumzeit erhalten. Antworten, die ihnen in der „realen" physischen Welt hilfreich sind.

So konnte ich vor allem in meiner Jugend einige Erfahrungen
sammeln. Mir fallen mehrere Beispiele ein, in denen Erlebnisse
aus meiner Traumwelt - in der Zukunft, im Tagesbewußtsein -
tatsächlich eintraten. Leider waren es vorwiegend recht traurige und unschöne Ereignisse. Vielleicht war es eine hilfreiche
Vorbereitung auf den folgenden Streß, Schock, Ärger,... ? Ich
stellte mir dann die Frage, hätte ich etwas verhindern können,
oder aber müssen manche Ereignisse genau so passieren -
eine unabänderliche Bestimmung? Ganz gleich, was die Antwort ist, die Erlebnisse versetzen mich in demütiges Staunen
vor dem, was alles möglich ist und dennoch so wenig Beachtung in unseren Systemen findet. Daher lohnt es sich auf
jeden Fall, auf diesem Gebiet etwas tiefer zu forschen, gerade
durch die eigenen Erfahrungen.

Die Schamanen:

Beeindruckt von ihrem Wirken und voller Respekt vor ihrer Ausbildung, möchte ich hier noch einen kleinen Ausflug in die Welt der Schamanen unternehmen. Schamanen, sind in fast allen Kulturen zu finden. Trotzdem tragen sie manchmal andere Bezeichnungen.

In diesem kleinen Exkurs meine ich jene unter ihnen, die mit besonderen Fertigkeiten, Gaben, und Sensoren geboren werden, und die einen bewußten Zugang in andere Welten, Dimensionen, Frequenzen erzeugen können bzw. über diesen verfügen und ihn verantwortlich nutzen.

Es sind nicht die selbstbetitelten, die im Zeitraum von einem Wochenendkurs oder einer drei jährigen Ausbildung ein paar Techniken erlernten oder deren Verstand mit ein paar Theorien gefüttert wurde und nach Abschluß eine Urkunde mit der Bezeichnung „Schamane" erhalten.

Meine Aufmerksamkeit richtet sich auf diese, die ihr ganzes Leben durch härteste Prüfungen schritten, ganz speziell und individuell auf ihre Fähigkeiten ausgerichtet. Die von klein auf aufgefordert sind, sich selbst einen Zugang zu erschließen und/oder auch eine Unterweisung von den Ältesten, Weisen, Lehrern erhalten, die ihr Potential erkennen und sich dazu berufen fühlen, diese zu schulen. Schamanen sind diese Menschen, die ihr ganzes Leben im Dienste übergeordneter Kräfte zu stehen scheinen. So wird ein Schamane als solcher geboren, und befindet sich von Geburt an in vielen Ausnahmezuständen, weshalb er meist auf sein nächstes Umfeld anders, vielleicht sogar sonderbar wirkt - je nach Kulturkreis. Daher verfügt er – wie ein Dolmetscher zwischen den Welten – über wahrlich außergewöhnliche Fähigkeiten und nutzt sie im Sinne einer heilsamen, wohlwollenden und gesunden Ordnung, was eine enorme Disziplin erfordert. Lebensprüfungen, in der er sich selbst erkennen kann, um so später anderen Menschen ein Übersetzer zu sein.

Auch, wenn jeder Mensch über eine Anbindung zu etwas Größerem verfügt, steht der Schamane für eine Tiefe, Weite und Höhe zugleich, die den Horizont des „normalen" Menschen übersteigt. Da auch er Mensch ist, weiß er um seine Schwächen. Letztlich würden Schamanen Ihre Fähigkeiten niemals anbiedern, wenn gleich ein Drang sie dazu antreibt, ihr Potential zum Ausdruck zu bringen und gleichzeitig immer weiter an sich zu feilen.

Dies als ein allgemeiner Überblick, eine Grundbasis dazu oder besser gesagt mein Eindruck, den ich innerhalb der Recherchen mit diesem Thema gewinnen konnte.

Unbekannte Lebensformen:

Meiner Überzeugung nach ist für unsere Existenz eine größere Schöpferkraft, Energie bzw. Quelle verantwortlich, in der alles einen Platz innerhalb einer „Urordnung" einnimmt. Für unsere Entwicklung, d.h. unseren Platz im Leben, sind wir innerhalb unseres Daseins selbst verantwortlich. Mir geht es bei diesem Thema eher um die Erschaffung, Entstehung von Lebensformen. Allein auf der Erde tummeln sich eine Fülle an Lebewesen, von denen jedes für sich gesehen außergewöhnlich erscheint, wie ein Wunderwerk. So manche Geschöpfe auf unserem Planeten sind noch unentdeckt. Immer wieder erfahren wir aus dem Reich der Tierwelt von Entdeckungen, welch bizarre Lebensformen sich beispielsweise unter Wasser tummeln, die scheinbar zum ersten Mal zum Vorschein kommen.

So, wie ich den Menschen als Ganzes verstehe, ist er mehr als nur ein physischer Körper. In ihm steckt etwas, das sich das „Kleid des Körpers" anzog, angepaßt an seinen Lebensraum (Hintergrund für diesen Gedankengang finden Sie im Band I). Könnte dies nicht auch andere Lebensformen betreffen?

So stelle ich mir die Frage: Kann ein Mensch, dem es nachweislich « möglich » ist, unter Amnesie zu leiden, vielleicht auf

bestimmte Erinnerung generell keinen bewußten Zugriff zu haben?

Von allem, was ich bisher gesehen, gelernt und erfahren habe,
ich würde mich selbst belügen, wenn ich behaupten würde, nur
auf der Erde könnte eine zivilisierte, entwickelte Lebensform
existieren.

Von all dem, was wir über das Auge und die Sehprozeße - in
der Zusammenarbeit mit unserem Gehirn – wissen, halte ich
es für einfältig zu sagen, wir kennen, sehen und nehmen alles
wahr, was uns umgibt und was wirklich möglich ist bzw. tatsächlich da ist.

Jeder Mensch kann sich selbst darüber seine eigene Meinung
bilden, doch für die Vollständigkeit zu dieser Sammlung „Portal
zum Potential", halte ich es für wesentlich, diesem Thema
Raum zu geben: einem Ausflug in andere Dimensionen und
Welten.

Kontakt mit natürlichen Rhythmen

Der Mensch, eingebunden in ein System der Jahreszeiten, klimatischen Bedingungen und eigenen physiologischen Prozessen, gleicht einem starken und zugleich sensiblen Gebilde.

Es ist im Laufe der Zeiten von Zivilisation und Fortschritt gewissermaßen eine Entkoppelung oder Verschließung vor der Bewußtheit im Kontakt mit natürlichen Rhythmen erwachsen. Unsere „zivilisierte" Spezies übergeht natürliche Schlafrhythmen, die so wichtig für alle Regenerationsprozesse sind. Das Verzehren regionaler Lebensmittel bietet dem Organismus die beste Unterstützung für aktuelle jahreszeitliche Herausforderungen (kühlend, wärmend). Spezifische biochemische Abläufe bleiben leichter im Gleichgewicht und trotzen so äußeren klimatischen Extremsituationen.

Wieviele Menschen nutzen das verführerische Angebot, sämtliche Lebensmittel „frisch" in jeder Jahreszeit kaufen zu können? Im Grunde ist unsere Umgebung eine wunderbare Hilfe, wenn wir dies erkennen und nutzen. Vor allem unser eigenes Befinden spiegelt uns sehr schnell, was wir gerade benötigen: Sind wir müde und erschöpft, dann bedarf es des Schlafes, keines Kaffees, schwarzen Tees und co. Der „normale" Arbeitsalltag läßt uns eher den 5. Kaffee trinken, als uns eine Pause zu gönnen. Dieses Beispiel zeigt, wie der Körper, d. h. der Mensch, lernt, seine Signale zu übergehen bzw. zu unterdrücken, sowohl sich selbst wie auch seine Bedürfnisse nicht ernst zu nehmen. Wer meint, er könne sich auf diese Art langfristig gesund erhalten, steht vor einer echten Herausforderung.

Auch wenn Frauen ihre Zyklen durchlaufen, wäre es sinnvoll, den Alltag danach auszurichten. Doch welche „Businessfrau" würde das Meeting kanzeln und den Flieger, ohne daß sie an Board ist, starten lassen?

Die Frau greift eher zur Schmerztablette, wenn Krämpfe den Unterleib durchziehen. Auch so zeigt sich eine ablehnende Haltung zur eigenen Weiblichkeit und ihren individuellen Bedürfnissen. Es gibt immer wieder Fälle von werdenden Müttern, voll im beruflichen Aufstiegsflow, die eher eine Abtreibung erwägen, als „Ja" zu einem Kind, mit all seinen Herausforderungen incl. der Unterbrechung des Berufeslebens, zu sagen. Man kann eben nicht „ein bisschen" schwanger sein. Natürliche Prozesse werden in kleinen und großen Bereichen unterdrückt, unterbunden, übergangen. Teilweise schwelt eine gesellschaftliche Erwartungshaltung, sodaß daraus die Unterdrückung der eigenen Bedürfnisse bzw. eine Art Abspaltung dieser sowohl innerhalb des Berufsalltags als auch des

Privatlebens einhergeht, die bereits das Siegel „normal" erhalten hat.

Doch das Vorhandensein der natürlichen Rhythmen, Reaktionen, Gegebenheiten und Zyklen ermöglicht, daß – wenn der Körper mit uns „kommunizieren" kann, d.h. wir seine Signale wahrnehmen und verstehen – sie ihn nützlich zu unterstützen.

Wir erfahren, was wir benötigen, was uns gut tut, wir tanken wieder auf, wir gehen mit einem natürlichen Prozeß, statt sinnlos, bis hin zur Selbstzerstörung/-verstümmelung, dagegen anzukämpfen. Äußere Informationen, die wir über Zeitungen, Bildungssysteme, etc. (Frau/Mann von heute muß,... machen um .... zu haben oder zu sein.) erhalten, prägen die Leser, Schüler, etc. und schaffen eine Meinung als Basis für entsprechende Verhaltensweisen und Entscheidungen. Die Anpassung in einer solchen Gesellschaft über Generationen hinweg, bis nichts mehr hinterfragt wird, läßt all das als „normal" erscheinen. Auch hier kann jeder nur selbst entscheiden, inwieweit er/sie mitgeht, sobald er sich darüber klar wird. Dafür hat der Mensch seinen „freien Willen" erhalten.

Freude

„Froh zu sein bedarf es wenig, und wer froh ist, ist ein König."

Ein bekannter Satz aus einem Lied drückt sehr passend die Kraft der Freude aus. Freude wird als Gefühl bezeichnet. Gefühle bilden sich im Erleben innerhalb des gegenwärtigen Moments, sie durchströmen den ganzen Menschen. Emotionen versteifen sich im Kopf, stehen häufig mit Konditionierungen in Verbindung und wirken aus der „Hirnstruktur" her, bzw. lediglich über die Verstandesebene, auf den Menschen. Es heißt, ihre Entstehung ist im limbischen System, das als evolutionär gesehen der ältester Teil des Gehirnes gilt.

Gefühle entstammen laut der Forschung dem Frontallappen, der zugleich mit dem abstrakten Denken in Verbindung steht. Im Alltag ist er beispielsweise für das Verständnis von Zusammenhängen notwendig. Sollte Ihnen jemand einen guten Witz erzählen, können Sie nur lachen, wenn Sie die Bedeutung, die Bilder, die Aussage davon verstehen und in der Lage sind, gedankliche Verknüpfungen herzustellen. Funktioniert das abstrakte Denken, findet die Wirkung eines Witzes ihren Ausdruck in Form von herzhaftem Lachen. Humor bezeichne ich daher als eine Facette vom Gefühl Freude.

Empfindet man Freude, drückt es sich sichtbar in körperlichen Bewegungen aus: hochgezogene Mundwinkel, bis man die Zähne sieht, Augen, die Tränen fließen lassen, Geräusche, die laut hallen können, als „Hahaha" bekannt. Arme hochreißen, in die Luft springen,... so veranlaßt die Freude, den ganzen Körper zur Bewegung.

Kein anderes Gefühl, Emotion, schafft es, einen derartig starken Einluß innerhalb der physischen Ebene zu bewirken. Liebe verstehe ich eher als einen Zustand, der jede unserer Handlungen färbt. Freude ist eine Reaktion auf ein äußeres oder inneres Ereignis (eine gute Nachricht, einem Sieg, die Liebe zu jemandem, eine Überraschung, einen Gewinn, etwas geschafft zu haben, die Erinnerung an einen schönen Moment, sich einfach gut zu fühlen, etwas Schönes zu sehen, freudvoll einer Arbeitsaufgabe nachkommen zu können) Auch die Kleinigkeiten des Lebens erfüllen sensible Menschen mit Freude. Jeder entscheidet für sich, wieviel Aufmerksamkeit und Raum er der Freude geben will.

Gleichfalls kann dieser Zustand ansteckend sein. Wer kennt das nicht? Es gibt Menschen, die vermögen so herzhaft zu lachen, daß das Gegenüber gleichfalls beginnt, mitzulachen. Babys gelingt es sehr gut, wenn sie lächeln, die Eltern, ihre Umgebung so zu entzücken, daß die Erwachsenen ohne Grund zurücklächeln. Das sind Zeichen der Freude. Das Gehirn erhält die Signale zur Ausschüttung von Glückshormonen.

Nicht umsonst wird empfohlen, jeden Tag für ein paar Minuten die Mundwinkel nach oben zu ziehen, als würde man lächeln. Vor allem, wenn man traurig ist, sich geärgert hat..., erweist sich diese kleine Hilfe als eine Wunderwaffe gegen Trübsal. Freude entspricht einem Cocktail aus spürbarer Zuversicht, Heiterkeit, Wohlbefinden, Optimismus. Sie gleicht einem Feuerwerk, das sämtliche nährenden Emotionen als eine Gesamtheit zum Vorschein bringt.

Das Gehirn vermag es, die entsprechenden Hormone und Botenstoffe zu auszuschütten - je nach Intensität über die positive Bewertung eines Ereignisses. Das bedeutet, das Herz und schließlich das Gehirn entscheiden, ob ein Grund zur Freude besteht. Läßt sich der Mensch von etwas berühren, was ihn in das kraftvolle Gefühl katapultiert, hebt er damit sein eigenes Schwingungsfeld an. Freude gleicht auch einer Stimmgabel, die das Gegenüber zum Schwingen anregt. Jeder Mensch verfügt über das Resonanzfeld der Freude, das auf diese Weise aktiviert werden kann. Die wissenschaftliche Erklärung findet sich in der Aktivierung von Spiegelneuronen.

Ich glaube, nicht ohne Grund findet sich diese Thema in der Dichtkunst bzw. der Literatur. Es liefert ein Potential, um Sorgen, schlechte Laune, etc. wegzuzaubern und den Gemütszustand zu verbessern. Der Körper dankt es mit der Aktivierung vieler gesunder Prozesse, die sich nicht zuletzt auf unser Immunsystem auswirken, d.h. evtl. das Streßlevel sinken lassen und einen besseren Allgemeinzustand nach sich ziehen.

„Der freie Wille"

Jeder Mensch verfügt über einen freien Willen.

* Es kann Sie keiner zwingen, ein Essen zu sich zu nehmen, das vorwiegend aus Füllstoffen, Geschmacksverstärkern, künstlichen Aromen sowie anderen Chemieprodukten besteht und dazu noch in der Mikrowelle aufgewärmt wurde.

* Es kann Sie keiner zwingen, einen Hund zu schlagen, weil er gerade ihr Wurstbrot gefressen hat, das sie unbeaufsichtigt auf den Tisch liegen gelassen haben.

* Es kann Sie keiner nötigen, einen Menschen anzulügen, damit derjenige ein schädliches Produkt kauft.

* Es kann Ihnen keiner vorschreiben, falsche Behauptungen über eine Kollegin zu verbreiten, die Sie nicht mögen.

* Es kann Ihnen keiner befehlen, über andere Mitmenschen hinterrücks zu lästern, statt Probleme direkt zu klären.

* Es kann Sie keiner festnageln, ihre Umgebung zu unterdrücken....

So manche Verhaltensweisen betreiben viele Menschen aus einer unbewußten Reaktion heraus. Einige sind so geprägt, leiden jedoch unter diesen Prägungen, sind aber untätig um daran etwas zu ändern.

Vielleicht werden Sie erpreßt? Das wäre eine Straftat. Für Straftaten ist in einem gesunden Gesellschaftsgefüge die Polizei zuständig. Es scheint schwer zu sein, aus manchen Verhaltensweisen/-mustern auszubrechen. Es erfordert vor allem reichlich Mut. Man möchte nicht „blöd" noch schwächlich dastehen. Doch meiner Erfahrung nach steht man langfristig noch viel „blöder" und „schwächer" da, wenn man es nicht schafft, das Verhalten zu ändern.

Auch hier kann sich jeder Hilfe suchen, der wirklich etwas ändern will und sich „abends wieder im Spiegel anschauen möchte". Denn jeder hat seinen „freien Willen".

Nutze ich diesen freien Willen bestmöglich für mich und Andere, kann es manchmal nicht leicht sein, besonders in der aktuellen Zeit. Doch es lohnt sich auf jeden Fall. Man fühlt sich leichter, gesünder, freudvoller und das ist ansteckend. In jedem Moment kann der Mensch sich entscheiden, welche Richtung er einschlägt und auch welche Entscheidung er trifft.

Handelt man aus Wohlwollen und Empathie, mit Blick langfristig auf das Beste für alle Beteiligten, oder aus Arglist, mit der Gleichgültigkeit, ob man anderen Schaden zufügt. Oder ist man einfach wie ein „Gewohnheitstier", im Moment aus der Situation heraus immer nur reagierend, ohne die Konsequenzen der eigenen Handlung zu hinterfragen, daraus zu lernen und sich zu entwickeln. Gibt der Mensch seine Verantwortlichkeit ab und läßt Andere entscheiden, ist das auch sein freier Wille.

Wenn beim Versuch, etwas Menschenwürdiges, Wohlwollendes zu kreieren dennoch irgendwie scheinbar alles danebengeht, zählt immer noch die Intention. Diese ist ausschlaggebend bei jeder Handlung. Tue ich etwas aus Neid, Argwohn, Haß, … oder entscheide ich mich für eine Handlung aus Liebe, Freude, Mitgefühl und mit bester Absicht, Letzteres wird langfristig Früchte tragen.

Sicherlich gibt es die Momente, in denen man in Angst lebt, sich unter Druck gesetzt fühlt und dann Entscheidungen trifft, die schlimme Konsequenzen nach sich ziehen. Auch in diesem Fall hat man immer die Möglichkeit, über seinen freien Willen eine Änderung des Kurses vorzunehmen. Je früher der Ausstieg aus einer unguten Spirale umgesetzt wird, desto leichter und besser wird es gelingen. Manchmal muß man einfach nur ehrlich zu sich sein und mit dem „Aufräumen" beginnen. Aber auch das entspricht dem „freie Willen".

Daher ist der freie Wille ein Geschenk, welches mit Verantwortungsgefühl leichter bzw. zufriedenstellender umgesetzt werden kann. Allerdings sollte die eigene Erwartung nicht zu hoch geschraubt sein, damit der enorme Anspruch an das „perfekte" Verhalten bzw. Entscheiden den Menschen nicht handlungsunfähig macht. Ein Mensch, dem es gelingt, immer wieder das Beste aus Situationen zu ziehen, sollte eher ein motivierendes Vorbild sein und weniger den Außenstehenden resigniert mit bewundernden Blicken zurücklassen. Keiner kann etwas erzwingen in seiner Entwicklung. Jeder ist nur immer gerufen, sich seine Ausrichtung/Motivation bewußt zu machen.

Es heißt so schön: „Irren ist menschlich." Daher für all die Leser, die so hohe Ansprüche an sich haben und dennoch öfter gescheitert sind: Was man aus seinen Fehlern lernen kann, ist mehr als rein angelesenes Wissen oder ein Heiligenschein aus Plastik. Es geht wirklich um die inneren Grundwerte. In einem sogenannten Fehler, der aber mit reiner Absicht bzw. Intention begangen wurde, kann auch ein Geschenk versteckt sein, das ausgepackt werden will. Einzigartig und kostbar erfahren Sie darüber eine Bereicherung. Letztlich wünsche ich jedem einen gesunden Umgang mit allem, was Ihm begegnet, an erster Stelle mit der Verwendung des „freien Willens".

Liebe im Fazit

Was ist ein besonderes Merkmal eines „beseelten Menschen"?

Er kann Liebe empfinden! Er kann Liebe geben!

Was ist Liebe?

Liebe beinhaltet eine Art Kompaß. Sie ist nicht mit Worten zu erklären, damit sie jemand versteht und umsetzt, der ihre Bedeutung nicht kennt. Dieser Kompaß beinhaltet bzw. fußt auf „Tugenden" bzw. einer gewissen Ethik (einer Ausrichtung und eines Bemühens zur Wahrheit, Empathie, Vertrauen, Respekt, Harmonie, Glück, Akzeptanz, Freude, Dankbarkeit, Beharrlichkeit, Mut, Zuversicht, Ehrlichkeit, Verantwortungsgefühl, Vergebung), die den Menschen entsprechend verantwortlich handeln lassen (Gedanken, Worte, Taten).

Ich las heute einen passenden Satz: „Wenn Treue Spaß macht, dann ist es Liebe." Ich finde, das paßt ideal zur Einstellung, die man zu sich selbst gegenüber bzw. seinen Werten pflegt. Folgende Fragen stellte ich mir und forschte für mich nach Antworten. Vielleicht können Sie empfinden, was ich meine.

Wo finden wir den fühlbaren „Kompaß" für unser Leben?

Im Herzen

Was ist dort?

Dort, so wird gesagt, ist die „göttliche Flamme" verankert, der Teil von Gott, den jeder „beseelte Mensch" in sich träg, das Geschenk unseres Schöpfers, die fühlbare Verbindung zu ihm, ein Teil von ihm. Hier liegt unser ganz persönlicher Bereich.

Was ist dann mit dem Hirn/3. Auge/Zirbeldrüse?

Diese Region stellt eine Art Antenne dar, eine wichtige, d.h. einflußnehmende, Schaltstelle.

Ist das bei jedem menschlichen Wesen so?

Organisch gesehen ja! Wie jeder auch organisch ein Herz hat. Der „Zustand" (gesund, verkalkt, aktiv, trainiert) des Gehirnes geben Aufschluß über das Lebewesen, seine Lebens- und Funktionsweise.

Wie können wir den Zustand „optimieren"?

Mit dem Herzen „denken lernen" (das Herz als elektromagnetisches Organ nutzen) und die Verbindung von dort aus zu der oberen Antenne aufbauen (besagte Hirnareale), für reine Gedanken sorgen, über gesunde Lebensmittel, gutes Wasser etc. diese Bereiche „sauber" und "klar" halten. Ist die Verbindung gestört oder verkalkt, kann sich ein beseelter Mensch/beseeltes Wesen dennoch „reinigen".

Unser freier Wille läßt uns entscheiden, wem und was wir uns zuwenden.

Hat jeder die gleiche Möglichkeit?

Jeder Mensch verfügt über Fähigkeiten und Anlagen zur Übersinnlichkeit (Telepathie etc.). Das beseelte Wesen Mensch könnte diese Möglichkeiten bewußt nutzen. Das Gehirn ist rein organisch gesehen in der Lage, nonverbale Informationen zu empfangen und zu senden, manchmal geschieht dies unbewußt. Diese Fähigkeit kann daher Einfluß auf uns und unsere Mitmenschen nehmen.

„Doch an ihren Taten werdet ihr sie erkennen!" So kommt in dem bekannten Zitat, das von Jesus stammen soll, ein entscheidender Hinweis zum Vorschein. Nur ein Mensch, der Liebe spüren kann (d.h. diesem muß man nicht erklären, was Liebe ist), vermag eine Verbindung zur „Quelle" herzustellen. Seine Taten sind an der göttlichen Ordnung orientiert, die ihm wie ein Kompaß entsprechend, seine individuellen Möglichkeiten aufzeigen. Das macht einen beseelten Menschen aus.

Zusammenfassend:

a) Ein „beseelter Mensch" kann unabhängig von Systemen und Konstrukten leben. Man sagt von ihm, dieser Mensch ist „frei".
- Eine Individuum, das einzigartig ist, entfaltet seine Kreativität. Das zeigt sich im Kleinen und Großen.

Ein Leben, das alles andere als langweilig gestaltet ist sondern viel mehr mit Lebendigkeit überrascht.

Der bewußt gewordene Beseelte sieht sich nicht getrennt von seinem Umfeld. Er kann mit seinem nahen Umfeld eine Art „gemeinsamen Körper" eingehen und daraus noch mehr erwachsen lassen. Er kann aber auch „alleine" sein, da er um seine Anbindung (zur Quelle, Gott, Christus) bewußt oder unbewußt weiß. Kein „göttlicher Funke" ist besser oder schlechter. Es liegt auch an jedem Einzelnen, was dieser daraus macht. Dieser Mensch wird seine Körperpflege und alles Mögliche tun, um sich gesund zu halten.

b) Ein Wesen/Mensch, dem die göttliche Flamme fehlt oder dieser entfremdet, ist auf Systeme/Konstrukte angewiesen, die ihn erhalten und stärken, leben lassen. Diese Wesenheiten wirken eher konform, gleichgeschaltet. Fehlt der göttliche Funke, besteht nur eine begrenzte Möglichkeit.

a) **Beseelt** bedeutet (sowohl bewußt als auch unbewußt) mit dem göttlichen Funken verbunden, d.h. ein „Kontakt" zu 1. Herz, 2. Hirn und der 3. Quelle/ Gott/ Christusenergie sowie der eigenen Seelenessenz. Bewußtseinsentwicklung geschieht aus dem bewußten Kontakt zu diesen Ebenen. So kann der „Himmel" auf die Erde gebracht, das Unsichtbare sichtbar gemacht werden. Der Geist bietet möglicherweise eine Art unsichtbare „Autobahn", die uns bewußt und weniger aus Reaktion (wie bei Tieren) entscheiden läßt.

(Hierzu nur eine kurze Anmerkung: Tiere verfügen über weitere bzw. andere Seelenfrequenzen, Sinne, Möglichkeiten, Mechanismen, Frequenzen, verstärkte Sinne, etc., wenngleich tierische Lebensformen von äußeren Einflüssen steuerbar sind). Dazu möchte ich bei diesem Thema keine pauschalen Aussagen treffen.

b) **unbeseelt** bedeutet der göttliche Funke fehlt, auch wenn alle Organe (Herz und Hirn) vorhanden sind, daher ist ein Kontakt nur zum 1. Herz und 2. Hirn möglich.

Ein beseelter Mensch/beseeltes Wesen, kann einen Hasen in Form einer Handspielpuppe scheinbar „zum Leben erwecken", sie singen, sprechen,... lassen,... Durch seinen Einfluß auf das Stück Stoff, scheint „die Puppe" lebendig. Der Mensch kann über ein Medium (z.B. Poesie, Musik) seine Liebe weiter-geben (sichtbar oder hörbar machen). Seine Freude wird spürbar, und er vermag sie auf den Zuschauer zu übertragen. Dieser wird seine Begeisterung über Lächeln, Klatschen etc. zum Ausdruck bringen.

Der „beseelte Mensch" ist ein Schöpferwesen mit einer bislang vor ihm geheimgehaltenen Kraft. Die Anbindung an „Gott" selbst kann nicht über den Verstand geschehen, sie wird erfah-ren, gefühlt, mit Gewißheit spürbar erlebt. Der Verstand trägt hingegen nur einen/seinen Teil dazu bei.

(„beseelt" bedeutet in meinem Text = mit dem göttlichen Fun-ken beschenkt; in diesem Menschen wohnt die göttliche Seele und kann durch ihn wirken. Gott kann alles/alle lenken doch nur ein beseeltes Wesen kann in dieser besonderen Art wir-ken, mit der Kraft von „Schöpfermöglichkeiten").

Anmerkung: Wenn ich hier von „Gott" spreche, meine ich eine reine, übergeordnete, weise, wunder-bewirkende, kraftvolle, liebende, Schöpferkraft, die unsichtbar wirkt und sichtbar zum Ausdruck kommt.

Anmerkung für kritische Leser

Für alle Leser, die es bis hier her geschafft haben und nun sagen: „Was für ein Quatsch".

Es ist immer leicht, auf diese Weise etwas von sich zu schieben, aus welchen Gründen auch immer. Ich kann es verstehen. Mich überkamen regelmäßig Zweifel, als ich dies verfaßte, ob ich es wirklich veröffentlichen soll. Das Meiste ist bekanntes Wissen, über so Vieles bestehen bereits ausreichende Forschungen, Erfahrungen anerkannter Größen. Auch diese werden/wurden kritisiert. Vermutlich darf das Ein oder Andere von mir im Laufe der Zeit aktualisiert werden.

Daher teile ich Ihnen lediglich meine persönlichen Gedanken, Erfahrungen, Verknüpfungen und Analysen mit, ob es bei Ihnen in Resonanz geht oder nicht, ist alles andere als meine Entscheidung.

Ich habe nicht den Status eines Dr. oder Professors. Daher gestalten sich meine Texte nicht als wissenschaftliche Abhandlung. Ich möchte das Innere des Menschen direkt erreichen, nicht seinen Schubladenschrank oder seinen Status.

Die Intention ist, mit dieser Analyse meiner bisher gesammelten Erfahrungen, möglicherweise eine hilfreiche Zusammenstellung für andere Eingeschüchterte, Abhängige, Selbstzweifelnde, sich Unterschätzende, Gesellschafts-gestrandete, Sinnsuchende, Erschöpfte, Traurige, Gekränkte, Zweifelnde, Frustrierte, Ausgenutzte, Gepeinigte, Abgeschriebene, Verlassene, Ausgegrenzte, Nicht-Verstanden-Gefühlte, Ausgebrannte, Gestreßte, Reizüberflutete, Zivilisationskranke, aber auch Gesunde, Energiegeladene, Freigeister und – vor allem - selbstdenkende Menschen mit Herz verfaßt zu haben.

Vielleicht können Sie meine Motivation nachvollziehen.

Mögen Sie in vielen kleinen Glücken das große Glück erkennen!

Schlußworte

Vor über 20 Jahren stellte mir einer meiner Lehrer eine Frage, die gleichzeitig eine Ermahnung an meine Intentionen darstellte - er meinte etwa: „Woher willst Du wissen, was das Beste für die Menschen ist?" Dieser Satz prägte mich damals, und immer wieder kam ich zu der gleichen Antwort:

Ich weiß es nicht und kann es nicht wissen! „Gott sei Dank" muß ich nicht darüber entscheiden. Daher stellt dieses Schriftstück keine allgemeine Gültigkeit dar. Die Inhalte basieren auf meiner Perspektive, innerhalb der Erfahrungen meiner Vergangenheit, der Gegenwart, Beobachtungen, Erkenntnisse und meiner derzeitigen Möglichkeiten.

Somit biete ich lediglich eine wohlwollende Einladung an den Leser, die Verantwortung für sein eigenes Leben in die Hand zu nehmen. Was für jeden Menschen nachhaltig das Beste ist. Wie er dorthin kommt, wird jeder sich nur selbst - in der erwähnten Ehrlichkeit - beantworten können, sofern er dazu bereit ist bzw. sein möchte.

Ob der Mensch aus seinem Potential schöpfen möchte, es als kultivierenswert erachtet, unterliegt wie gesagt seinem „freien Willen".

Worauf der Mensch seine Prioritäten setzt, auch das unterliegt seiner eigenen Einschätzung: Sich beweisen zu müssen, unauffälliges Mitlaufen in der genormten Vorgabe und darin scheinbar zu glänzen, seinen Selbstwert über Äußerlichkeiten zu definieren, Geldfixierung, Verblendung, Status, eine Maske tragen oder doch lieber eine ganz andere Variante: einfach sein zu können, um sich zu entfalten in Integrität und Ehrlichkeit, gemäß inneren Werten und so zur Geltung zu kommen.

Lebe ich, um die Wünsche Anderer zu erfüllen und gehe ich dabei über meine Grenzen, unter dem Motto: „Meinem Gegenüber – auch wenn dieses einen ausbeuterischen Lebensstiel pflegt - soll es gut gehen." Nur auf wessen Kosten? Geht es mir schlecht, damit es dem anderen gut geht? Ich entscheide selbst, ob ich diesem Konzept permanent bis zur Selbstaufgabe hinterherrennen möchte, sehe ich darin meine Erfüllung und lechze ich auf diese Weise nach Anerkennung.

Mein geringer Selbstwert scheint sich zu erhöhen, wenn ich es schaffe, den Anderen zufriedenzustellen, auf diese Weise Kontakte zu pflegen, die lediglich an mir saugen. Wohl wissend, ganz gleich wie ich mich anstrenge, es gelingt mir nicht, den Anderen glücklich zu machen.

Glück kann in jedem nur selbst erzeugt werden. Eine Geste, ein Geschenk, ein guter Wille, ein Wunder, das von außen kommt, erzeugt in mir Glückshormone. Wir können uns darüber freuen. Allerdings erfordert dieser Zustand Reinheit. In dem Moment, wenn keiner zu schaden kommt und das äußere Ereignis uns erreicht, erfüllt mit dem Wissen, „es ist gut für alle", dann wird es Glück generieren. Leid, Aufopferung oder Sühnegedanken erzeugen niemals diesen Zustand. Sie zwingen den Menschen immer wieder in die Spirale von mangelndem Selbstwert, in die Suche nach Anerkennung von Außen, in Enttäuschung und Versagen,....

Es gibt auf dem Markt sehr viel fundierte Literatur zum Thema Selbstwert, falls jemand darin mehr forschen möchte. In unserer Kultur ist Selbstwert und Selbstliebe sehr verkümmert. Ein aufgeblasenes Selbstbild (Ego-Struktur) dient oft als hilfreiche Maske, die etwas Verletztes, Unsicheres bzw. Verstörtes tarnt. Sicherlich tragen manche Menschen die entsprechenden Charaktere in sich, aber das findet jeder für sich selbst heraus - wenn er möchte. Daher ist es hilfreich, seine eigenen Mechanismen wahrzunehmen, sie zu erkennen und den Hintergrund seines Verhaltensmusters zu finden. So können auch toxische Beziehungen und deren Auswirkungen verhindert, vorgebeugt und geheilt werden. Die Bereitschaft zur Ehrlichkeit bietet hier wieder den Schlüssel zur Befreiung.

Jeder sollte sein Potential zur Entfaltung bringen, frei von der Erwartung, man müsse sich einen Heiligenschein antrainieren. Nein, es geht hier um echtes, wahrhaftiges Verhalten und Handeln gemäß den Grundwerten, einen Kontakt zu seinen Gefühlen und die Bewußtheit im Tun. Alles Andere wird sich ergeben.

Eine gesunde Mischung von Selbstliebe, Nächstenliebe mit Hilfsbereitschaft (die sicherlich auch temporär anstrengend sein kann), eine gesunde Abgrenzung, Respekt vor seinen eigenen Gefühlen und dem Raum des Anderen, einer Verantwortlichkeit seinen Handlungen gegenüber, Worten und Gedanken und dem beharrlichen Training an einer Bewußtseinssteigerung, die Bereitschaft aus Fehlern zu lernen und die Ehrlichkeit, bei jeglichen Analysen von Situationen, frei von Dogmatismus zu sein, mit einer Offenheit zu Bereichen, die sich bisher außerhalb unseres Verstandes befinden.

Eines der wichtigsten Potentiale des Menschen liegt in der Freude - einem Gefühl von Zufriedenheit, der Erzeugung von Glücksmomenten, der Gewißheit zu lieben und geliebt zu werden; dies als ganz reales Gefühl im Körper zu erleben. Respekt gehört genauso zu den Grundlagen, die nicht nur das persönliche Potential stärken. Eine ganze Gesellschaft erfährt mit diesen „Rohstoffen" eine Verbindung, in der eine individuelle und zugleich gemeinsame Entfaltung möglich wird.

Ich nehme an, unsere Gattung steht erst am Anfang, um zu ergründen, wer wir wirklich sind, d.h. wie wir auf gesunde Weise unser Leben innerhalb eines förderlichen Gesellschaftssystems gestalten können. So nehme ich mich nicht aus, am Anfang dieser Entdeckungsreise zu stehen. Meiner Meinung nach kann jeder - ganz gleich welchen Alters, mit oder ohne Nachkommen - seinen Anteil beitragen im Prozeß der Wahrhaftigkeit. Ich finde, es wird in jeder Generation jemand benötigt, damit eine natürlich Entwicklung auch den nachfolgenden Generationen neue, nachhaltige und menschenwürdige Chancen ermöglicht.

Jeder, der ernsthaft begonnen hat, die täglichen Mühlen zu hinterfragen, beschreitet seinen Weg in die individuellen Entwicklung. Das ist das Potential, das ich in der Spezies Mensch sehe.

Gutes Gelingen auf diesem Weg zu und mit Ihren Potentialen.

Abschließende Anmerkung

Die benannten Inhalte, Ausführungen und Auflistungen erheben nicht den Anspruch auf Vollständigkeit. Ich sehe diese Sammlung nicht als eine wissenschaftliche Ausarbeitung. Sie werden daher selten/keine direkten Quellenangaben finden. Jene Inhalte beruhen auf Beobachtung, Erfahrung incl. erlerntem Wissen innerhalb verschiedener Ausbildungen, der Arbeitsstätten und eigener Ableitungen von Zusammenhängen. Sie entsprechen lediglich meiner Sicht mit dem Ziel eines gesunder Perspektivenwechsel.

Verzeichnis für recherche-motivierte Leser

Sollten Sie noch individuell etwas ergänzen wollen, habe ich etwas Platz dafür gelassen

A

Abwehrmechanismen, Anna Freud

Ängste – Mechanik zur Unterdrückung

Astral Körper

Äther

Ätherischer Körper

Aufräumhilfe

Aura

Autogenes Training

B

Bewußtseinszustände nach David Hawkins

Biohacking

Biophotonen

Bonding (Bindung nach der Geburt)

Burkard Heim

C

Candida Albicans

Christusbewußtsein - übergeordnete Bedeutung

D

Dimensionen (5, 10, ... verschiedene Modelle)

Disstreß

Dunkle Nacht der Seele

E

Effektive Mikroorganismen EM

Elektrosmog Auswirkungen

Emotionale Intelligenz

Emotionaler Mißbrauch

Emoto Masaru (Wasserprogrammierung)

Epigenetik

Eustreß

F

Fertigprodukte (Füllstoffe, Zusatzstoffe)

Farbstoffe (Lebensmittelindustrie)

Freie Energie

G

Gesichter lesen (Facereading, im Chinesischen Siang Mien, Antlitzdiagnostik)

Gläserne Menschen (Bioethik)

H

Hermetische Gesetze

Herz – 5. Herzkammer

Hochsensibilität (HSP)

Hz-Zahl und Wirkungsweise auf das Gehirn

I

Illusion der Materie

Imagination

J

K

Kausal Körper

Klassisches Konditionieren

Kognitive Dissonanz

Körpersprache

L

Lerntheorien

M

MK-Ultra (Mind-Controll)

Mikrowelle Gefahren

N

Neurogenese

Neuroplasitzität

O

Ontologie

Oxidativer Streß

P

Parentifizierung

PM – Progressive Muskelentspannung

PSI - Phänomene

Q

Quantenphysik (Beobachtereffekt)

R

Remote fiuing

REM-Schalfphasen

S

Schimmel in Wohnungen Gesundheitsrisiko

Spiegelneuronen

Stammzellen

T

Traditionelle Chinesische Medizin (TCM)

Transgenerative Prozesse

Toxische Beziehungen

Toxoplasmose

Tugenden

U

Ultra-Violettes Licht (Wirkung, Gesundheit, Behandlung)

Übersäuerung – Basische Ernährung

V

Visualisierung

W

Waldbaden (Waldluft und seine Wirkung)

X

Y

Yin Bedeutung TCM

Yang Bedeutung TCM

Z

Zirbeldrüse

Zwerchfellatmung

Danksagung

An dieser Stelle geht mein Dank an: Meine Freunde, für all das nährende und aufbauende Miteinander sowie die Motivation zur Erstellung eines Buches. Nina bat mich 2012 einen Vortrag zum Thema: „Der Körper – das Haus der Seele" zu halten. Das legte den Grundstein hierfür. Die intensive Zeit mit meinem Mann Jürgen, seine außergewöhnliche Art, sein Glaube an mich, mit all den Erkenntnissen, die ich teilweise hier mit einfließen lassen konnte.

Ein besonderer Dank geht an Doris Trindler Morwinski, die eine enorme Bereicherung zum Abschluß hiervon darstellte. Ihr Wissen und scharfer Blick, incl. ihrer Art, leistete einen wichtigen Beitrag für die lektorische Unterstützung.

Schließlich danke ich von Herzen meiner Mutter für ihre Unterstützung, all ihr Bemühen, ihre Geduld und die inspirierenden Gespräche, ihr lektorisches bzw. vielseitiges Mitwirken, was diese Ausführung möglich machte. Ohne sie wäre ich sowieso nicht auf der Welt.